擁有勇氣、信念與夢想的人，才敢狩獵大海！

 獵海人

馬克思主義
批判

李三一　著

▌序言

　　馬克思主義被後人概括為三個組成部分，即哲學、政治經濟學和科學社會主義。哲學就是辯證唯物主義和歷史唯物主義，政治經濟學就是《資本論》，科學社會主義就是以《共產黨宣言》為代表的一些基本著作。

　　馬克思主義誕生在18世紀的歐洲，但是歐洲人並沒有把馬克思主義付諸實踐。馬克思主義被蘇聯、中國和東歐一些小國家的共產黨人繼承並應用，建立了社會主義國家，但是這個社會主義成了國家社會主義，無產階級專政成了黨專政。最終這個社會主義通過改革開放而又回到資本主義，歷史經過近百年的曲折循環，似乎又回到了原點。這就不能不讓人們對馬克思主義理論進行反思。正是因為馬克思主義理論的缺陷，才造成了社會主義國家全面崩潰的歷史局面。

　　馬克思主義對資本主義的認識和批判，最深刻、最有代表性的著作就是《資本論》，《資本論》的最核心內容是剩餘價值理論。馬克思從資本主義的商品經濟運行中的各個要素及其運行過程，即商品、貨幣、商品的價值形式以及資本主義生產過程和流通過程等等，一步步展開他的理論闡述。這一理論曾經迷倒了很多人，特別是中國人，因為中國沒出現過真正意義上的資本主

義社會，中國人（特別是在社會主義環境下成長的中國幾代人）
對資本主義的認識大都是從馬克思列寧主義、毛澤東思想的理論
著作中獲得的，也就是說中國人對資本主義的認識大多從概念出
發，而不是對資本主義的親身感知。改革開放以後，隨著科技進
步，對外交流，世界經濟一體化等等，當今的中國人對資本主義
有了新的認識。人們直覺的發現資本主義曾經被妖魔化了，所謂
的社會主義制度也並不比資本主義優越，不但不優越而且還遠遠
的落後於資本主義。二戰後的世界史已經充分證明了這一點，中
國的大陸和香港、臺灣比較，韓國和朝鮮比較，東德和西德比
較，東歐和西歐比較……人們將這兩種社會制度一比較，就會發
現資本主義不僅經濟發展快，而且政治民主，人們享有更多的民
主與自由，特別是現代化社會福利制度和社會保障制度的建立，
緩解了勞資矛盾，提高了工人的工作條件和生活條件。這一現實
迫使人們不得不進一步反思馬克思主義理論，也就是說馬克思主
義理論本身存在許多缺陷或者誤區。這就是從源頭上來反思，重
新認識馬克思主義，因為沒有馬克思主義理論就沒有現代的社會
主義國家，而這些社會主義國家的政治經濟體制恰恰從根本上否
定了馬克思主義。這是為什麼？是社會主義的實踐歪曲、修正了
馬克思主義，還是馬克思主義理論自身存在問題？然而直到今
天，馬克思主義還被共產黨人作為聖經死守著，儘管他們從實踐
上早已拋棄了馬克思主義，但在理論上還是要堅持這面旗幟，不
准公開批判，不准對馬克思主義理論說長道短。尤其在中國大陸
這麼一個沒有言論和出版自由的國家，要批判馬克思主義真是難
於上青天。然而歷史總要前進，社會總在進步，作為對社會發展

的總結與概括的社會科學理論也總是在不斷發展與完善，不斷的
進行著否定之否定。

　　要從新認識資本主義制度，從新認識資本主義的經濟運行體
制，就要從新認識剩餘價值理論，並在此基礎上從新認識馬克思
主義的哲學和科學社會主義理論。本書就是企圖做點這方面的嘗
試，但是由於本人水準和客觀條件的限制，深感困難重重，任重
道遠，唯望志同道合者以此作為起點，由此生髮開去，獲得更大
的成果，為人類的進步作出更大貢獻。

▌總目錄

第一篇

資本論批判

目錄

第一章　剩餘價值分析

一、商品的價值形式

　　馬克思給出的資本主義的商品價值形式是$c+v+m=w$，其中w代表商品的價值，c代表不變資本，v代表可變資本，m代表剩餘價值。馬克思對這一價值形式作了深入細緻的分析，進一步闡明不變資本c包括生產原料、輔料和生產工具、廠房設備等，這些作為物化勞動被轉移到新生產的商品中，而v代表工人工資，但是這個工資並不是勞動創造的全部價值，而僅僅是工資，工資只是一定條件下的勞動力的價值，勞動力的價值不等於勞動的價值，勞動的價值應該是$v+m$，即工資加剩餘價值，也就是說勞動的價值等於勞動力的價值，加上勞動創造的剩餘價值。為什麼呢？就是因為生產資料（包括原料、燃料動力）和機械設備、資金、技術等生產要素都是不能創造價值的，因此也就不能創造剩餘價值。這是堅持了古典經濟學的勞動價值論。也就是說商品具有使用價值和價值二個屬性，商品能夠作為商品買賣，首先要具備使用價值，但是一個商品與另一個商品怎麼進行等價交換，則由商品的價值決定。什麼是商品的價值，價值就是凝結在商品中的社會必要勞動時間，也就是生產某種商品時所花的社會平均勞動量。因此如果只有使用價值而沒有必要勞動的物品是不能成為商品的，如空氣、陽光等自然物品。反過來說一個物品如果沒有使用價值，它也是不能成為商品的。這些商品經濟學的基本理論由英國的古典經濟學完成，因此這些都不是馬克思的發現，馬克思的理論發現就是剩餘價值論，也就是說：被資本家看作利潤的m部分，馬克思則看作是剩餘價值。本來是一個東西，但認識不同，結果就大不一樣了。作為利潤m，那是資本家投資的回報，利潤率計算公式應該是$\frac{c}{v+m} \times 100\%$，作為剩餘價值m，那是工人勞動的價值除掉工資後的剩餘，剩餘價值率計算公式則是$\frac{m}{v} \times 100\%$。二者的關鍵區別就在這裡，作為原料、動力、燃料、機械設備、資金、技術、管理等等生產要素是否參于剩餘價值的創造，也就是說剩餘價值的源泉僅僅是工人的勞動這一個生產要素創造的，還是應該包括除工人勞動之外的其他生產要素。這就引入下面的問題。

二、關於剩餘價值

首先我們從勞動價值論來分析這個問題。所謂勞動價值論，其理論基礎是（1）只有勞動產品才有價值；（2）其價值量就是凝結在產品中的必要勞動時間。我們再回頭看看商品的一般價值形式：w=c+v+m，這裡的c究竟是什麼？馬克思說它是生產資料和機械設備等，也就是除工人工資之外的所有的資本墊付。而按照生產要素的方法分析，這個c應該包括原材料，輔助材料，燃料、動力、廠房和其它基礎設施等既包括勞動對象也包括勞動手段。我們來對這些作進一步細化：A、從物的形式看，包括（1）勞動對象：原材料、燃料、動力及其他資源消耗；（2）勞動手段：即機械設備、資訊、技術、管理等。B、從成本角度看，它既包括固定成本，也包括變動成本。C、從價值角度看，它是貨幣資金的轉化形式，本質是以貨幣資金體現的過去的一定勞動量的積澱。D、從來源看（1）朋友間的無息借貸；（2）銀行有息借貸；（3）過去的積累；（4）繼承遺產或接受的贈予。無論來源哪裡，首先它要作為資本為資本家佔有和使用才能在資本主義的商品生產中發揮它的作用。英雄不問出處，先把這"第一桶金"放在這裡暫時不談吧。

馬克思的資本論裡沒有生產要素的觀念，因此他沒有考慮資金、技術、管理等生產要素的作用。他描述c僅僅包括原材料和廠房、機械設備等，這些當然可以和資金互相兌換。管理的價值和技術專利的價值，儘管馬克思沒有考慮，但這些也可以用資金買得來，所以我們暫且把它擱置起來不談。不管c的組成多麼複雜，不管它和馬克思的分析存在什麼異同，這並不是問題的實質和關鍵，因此它並不影響我們對c的實質進行深入的分析。

我們知道勞動應包括過去的勞動（即作為過去的勞動成果存在的價值量）和現在的勞動（即作為現在或將來勞動成果的價值量）。或者我們乾脆把它叫作"物化勞動"和"活勞動"，這點和馬克思的觀點並無區別。資本家在進行商品生產準備時，首先要建廠房、購設備，然後買原材料，並招聘工人和管理人員，這對資本家來說就是投資。無論這資金從哪裡來，他都要把過去積累下來的勞動——通常體現為一定量的貨幣，用來墊付先期的投入，當然按照預期的計畫，他會在將來的一定時間段內收回他的這些投資，並得到一定的利潤，不然他就沒有投資的激情和衝動。收回投資並賺取預期利潤是資本家投資的原動力，社會要持續不斷的擴大再生產，沒有這種投資，生產就會停滯或者倒退，從社會發展角度看這種不斷的投資是必須的，不可缺少的，而這種投資只有資本家有這種能力，工人是無能為力的。在資本主義生產方式中如果工人有這種投資能力，工人也就不是工人了。事實上從個體來看，也有許許多多的工人通過自己的冒險或奮鬥成了資本家。也就是說投資是有風險的，如果投資失敗，資本家就會破產，資本家也會變成工人，甚至連工人也不如。這是市場法則下的平等。

社會化的商品生產，是由諸多生產要素合理配置、科學組合而形成的效益最大化的商品生產，這裡的合理配置就包括資源的恰當充分的利用。工人是人力資源的一部分，人力資源除了工人外，還應該有管理人員，即組織、指揮、協調生產供銷方面的經營管理人員，這樣資本家本人就應該是最主要的管理者。如果一定要說m是v創造的，那麼這個v也不僅僅是工人，還應該包括除工人之外的所有管理人員的工資。僅僅有v這一個生產要素，能進行生產嗎？顯然不能。也就是說工人的勞動也得有個平臺，農業工人要借助土地作為勞動的平臺，產業工人要把工廠作為勞動的平臺。這個勞動的平臺，實際上從資本的角度看就是c，離開這個c，工人將無處勞動，無處勞動就是失業，失業就無法生存，而資本家依靠過去積澱下來的貨幣---特殊商品，則隨時可以變現為任何商品，因此c的實質還是隱藏其中的貨幣資金。因為這個廠的廠房、設備、機械、基礎設施都是由大量的貨幣資金換來的，同樣這些也可以再轉換成貨幣。這些生產要素以物的形式表現出來，其背後的價值形式是過去的勞動積澱，是被物質化的勞動。這種物化的勞動作為生產要素參於新的商品生產，其重要程度一點也不遜于工人的活勞動。整個商品生產過程，就是物化勞動與活勞動的有機結合，也就是資本和勞動的有機結合。在這些生產要素中，原材料被一次性轉移到商品的價值中，而廠房設備、基礎設施則是作為固定資本分期分批的轉移到商品的價值中，工資部分如果是計件工資，其工資則是一次性轉移到商品的價值中，如果是計時工資，其工資則是根據一定時間段內的產品數量分別轉移到產品的價值中。如果是計件工資，對於單件產品來說，工資也應該是分攤在產品上的勞動力價值的轉移，工資的數量隨產品的數量按比例發生，而計時工資通常是按月計算，這其實也是一個固定支出，無論是否開工生產，生產多少，對於計時工資來說，按月支付工資是一定的，哪怕因為停電或者其他什麼原因造成停產三天，這三天的工資還得照發。比如按月發工資，每人20元／天，30個人的工廠，工資支出就是每天600元，如果固定資產折舊每月為18000元，一月按30天機算，每天的固定資產折舊是600元，假如每天生產30件產品，每件產品原材料60元。

其單件產品價值（60材料＋20機械）=80c，工資=20v，其成本就是80c+20v=100，如果剩餘價值率100%，則剩餘價值m=20，我們暫且假設，這商品能賣120，並且這120元正好是社會平均價，也就是這120是按照其社會平均必要勞動量賣出的（實際能賣多少，不僅僅取決生產者的努力，還有銷售者的作用和市物供求的影響），那麼這個商品的價值表現形式就是$80c+20v+20m=120w$。這裡$80c+20v$是資本家的投入，$20m$是資本家的投資回報或者稱作利潤。利潤是資本家投資所產生的紅利，這是資產階級經濟學的觀點。在馬克思看來，這$20m$就是工人的勞動所創造的剩餘價值。這$20m$究竟是誰創造的，這是問題的關鍵，下面我們進一步對此進行分析：

第一種情況，資本家通過技術革新或者技術專利的應用，或是通過加強管理等降低了原材料、燃料、動力等方面的消耗。原來$80c$中有60的材料消耗，20的固定資產折舊，現在原材料消耗降為50，在其他條件不變的情況下，他的產品還是按照原來的120賣出，那麼現在商品價值形式就是50材＋20機$=70c$，工人工資還是$20v$，工人的工資不變，勞動強度和勞動時間都不變，商品還是按120賣出，那麼價值形式就是$70c+20v+30m=120w$，這裡m由原來的20提高到30，資本家比原來多賺了10，而這多賺的10是通過技術革新或是改進管理產生的，工人的勞動量和勞動時間沒任何改變，原來怎麼幹，現在還怎麼幹，原來幹什麼，現在還幹什麼，也就是說這個原材料的節約帶來的利潤與工人的勞動沒有任何關係，還能說這多出來的$10m$是由工人創造的嗎？除了原材料的節約之外，資本家還可以通過改進管理，技術革新，新材料、新工藝、新技術、新設備的應用而降低成本，或者提高勞動生產力，所有這些活動只要不降低工人的工資水準也不增加工人的勞動強度和勞動時間，由此所產生的剩餘價值都應該與工人的勞動沒關係。

　　假如資本家為了技術革新，進行技術研發投入了資金，而這種投入也要分期收回，分攤到每件產品上的價值量為2，那麼資本家多賺的10個m就要減去2個，還剩8個m，其價值形式為72c+20v+28m=120w，這72c中由52材料消耗＋20固定資產折舊構成，這裡m的增加和減少，與工人的勞動一點關係也沒有，怎麼能說v就是可變資本，是剩餘價值的唯一源泉，c是不變資本，與剩餘價值沒關係呢？通過原材料的節約，設備的更有效地利用，可以降低c，在其他條件不變的情況下，c的減少必然帶來剩餘價值m的增加，也就是說節能降耗、工藝改進、生產流程再造等同樣可以創造剩餘價值，它們也是剩餘價值的源泉。

　　如果把上述的例子由原材料的降耗變為設備更新改造，資本家對此的投入轉移到單件產品中的價值為10c，其價值由原來的60原材料消耗＋20的固定資產折舊，變成60原材料消耗＋30固定資產折舊=90c。那麼如果其他各方面的因素都不變，其價值形式就是90c+20v+20m=130w，而產品的價值（或者按馬克思的說法叫生產價格）仍然是120，其價值形式就是90c+20v+10m=120w，這樣資本家與以前比較他就虧損10元，或者說比以前少賺了10元。這樣的結果，資本家是不能接受的。資本家能夠接受的條件：一是裁減人員，因為新設備的使用，原來由人工作業的工序，現在用機械代替，如果原來20v，現在因新設備的使用，提高了功效，人員裁減攤到每件產品上的工資減少一半，變成了10v，在剩餘價值m的絕對量不變的情況下，價值形式是：90c+10v+20m=120w，這樣他的產品還按照原來平均市場價賣出，單件產品實現的價值仍然是120，利潤的m值還是20，利潤率還是$\frac{20m}{90c+10v}\times100\%=20\%$，改變的只是原來$\frac{20m}{80c+20v}\times100\%=20\%$變成了現在的$\frac{20m}{90c+10v}\times100\%=20\%$。這種情況下，對資本家來說僅僅是把10元的人工投入變成了機械設備的投入，從利潤的角度來說沒變化，對工人來說，他們還是拿原來的工資，只不過原來的手工作業變成了電氣化、自動化，操作時更省心、省力，降低了勞動強度，改善了勞動環境或勞動條件。而馬克思則不這麼看，馬克思認為這種情況，一方面加重了工人的受剝削程度，因為剩餘價值率由原來的20m/20v=100%，變成了現在的20m/10v=200%。另一方面還造成一部分工人失去工作，淪為失業大軍的一員。這種情況很明顯就是機器代替人，一部分作業由工人手工操作變成了機械作業或者電氣自動化，這一改變與工人沒任何關係，他們還是拿他們原來的工資，還是幹他們原來的事情，沒增加他們的勞動強度，也沒增加他們的勞動時間，怎麼能說資本家加重了對他們的剝削呢？

　　資本家能夠接受的第二個條件是：如果因為新設備的使用，提高了勞動生產力，工效提高1/12，原來一天30件產品，現在一天則可以生產30+30*1/12=32.5件，如果市場價格行情不變，這個廠每天多生產出來的2.5件產品就可以多賣10元，產品總價值由原來的120提高到130元（這個變化在馬克思那裡解決得很玄妙，馬克思把這個問題用商品的交換價值和生產價格經過二次抽象抽掉填平了。這問題留到後面再說。）。這多出來的10恰恰是新機械設備的投入使用創造的，原來的工人還是那麼多，工資水準也沒變，資本家的剩餘價值絕對量也沒變，還是20m，但利潤率則由原來的$\frac{20m}{80c+20v}$，降為現在的$\frac{20m}{90c+20v}=\frac{2}{11}$，利潤從20%降到約18％。這一現象在資本主義的生產條件下是相當普遍的，馬克思把這種現象視為價格與價值的背離，由於這種個別的價格與價值的背離致使個別資本家獲得了超額利潤。事實果真如此嗎？下面就讓我們針對這一現象展開進一步的討論。

第二種情況，假如原材料的消耗不變，但是資本家改造更新了機械設備，從而提高了勞動生產力。在單位時間內勞動生產力提高0.5倍，那麼在同樣的時間裡，多生產0.5個產品，假如仍按原來的價格水準賣出其產品，他的單位產品總價格就是120+120*0.5=180，假如投入設備更新改造的總價值分攤到每件產品上為20，那麼現在機械設備的折舊就是20+20=40，假如工人的工資保持原來水準，勞動強度和勞動時間都不變，那麼其產品價格構成就是：100c（包括60材＋40機）+20v+60m=180w，這樣m值由原來的20提高到現在的60，增加了40，也就是增加了2倍。而這方面的改革與技術進步顯然也與工人的勞動沒有任何關係，這增加的40m顯然不能簡單的說成是由工人的勞動創造的。按照馬克思的解釋，這多出的40 不是價值而是價格，因為勞動生產力的提高，原來一天生產的產品是30件，每件賣了120元，共3600元，那是因為該產品的市場價格正好等於產品的價值，而現在一天生產的產品是45件，每件產品還賣120元，共5400元。這多出的1800元是資本家因技術進步而獲得的超額利潤，這種情況下，就形成了產品的價格與價值的背離。道理是因為勞動生產力的提高所生產的1.5件產品和以前的1件產品的價值量是相等的，也就是說現在的1.5件產品的價值還是過去的120w而不應該是180w，由此馬克思得出勞動生產力提高與商品的價值成反比的結論。關於這一點的真偽問題，後面將有專門的分析，現在就暫時把這個問題先放一放。沿著上面的事例，我們再進一步往下推演：

　　第三種情況，假如資本家通過技術改造，設備更新多賺的m部分拿出10個m用去增加工人的工資，那麼工人的工資則由原來的20v增加到30v，提高了50%，其價格（其實應該是價值，因為在沒解決由於勞動生產力的提高而造成的單位時間內創造的商品的市場價格，多於原來的價格這一現象的本質之前，只能這麼用價格先代替價值）形式就變成了：100c+30v+50m=180w，與原來比較資本家多賺了利潤，工人多得了工資。另外隨著新機械設備的應用，電氣化和自動化的水準提高，工人的勞動強度會大大降低，同時勞動時間也會縮短。這樣在資本主義的技術進步推動下，工人不但增加了收入而且降低了勞動強度，減少了勞動時間，改善了勞動環境，大大的得到了好處，而又沒增加自己的任何投入（腦力的和體力的消耗），也不承擔技術進步、設備更新改造投資產生的任何風險，可以說是坐享其成，他們還會去咒罵資本家嗎？他們還要鬧革命推翻資本家嗎？

　　然而馬克思卻不這麼看，他認為資本家榨取工人的方法就是增加勞動時間，或提高勞動強度，他在資本論第一卷對絕對剩餘價值和相對剩餘價值的分析就是這麼認為的。他看到的是直接增加勞動時間或提高勞動強度來增加剩餘勞動時間，或者縮短必要勞動時間，來增加相對的剩餘勞動時間。這二者的方法都很簡單，也很直觀，無論是絕對剩餘勞動的增加，還是相對剩餘勞動增加，其源泉都是工人勞動的剩餘（除去工資後的剩餘勞動），而關於設備更新、技術進步、提高勞動生產力所得到的剩餘價值，馬克思則認為是資本家提高了資本的有機構成，反而加重了對工人的剝削程度。因此在馬克思看來，對於我們上面的例子而言：第一種情況，因為原材料的降低，價值形式由原來的80c+20v+20m=120w變成70c+20v+30m=120w，不但與工人有關係，而且是加重了對工人的剝削，因為剩餘價值率原來是20m/20v=100%，現在則是30m/20v=150%。而對於第二種情況，工人的工資雖然沒變，勞動時間、勞動強度也沒變，因為生產力的提高，單位時間內創造了更多的使用價值，這多出的使用價值雖然賣出了相應多的市場價格，但是這時該產品的市場價格已經不代表它的價值。因此面對設備更新帶來的100c+20v+60m=180w這一新的價值形式，馬克思的理解是：其一，這180是該商品的市場價格，不是該商品的價值；其二，現在的這100c，比原來提高了20c，這20c的提高帶來的是40m利潤不是先進設備的利用與技術進步的結果，而是增加了對工人的剝削程度使然，因為剩餘價值率由原來的20m/20v=100%變成了現在的60m/20v=300%。而對第三種情況，由於技術進步、設備更新改造，提高了勞動生產力，資本家從獲得的超額利潤中拿出一部分去給工人增加工資，同時通過技術進步、電氣化自動的應用改善工人的勞動環境，降低工人的勞動強度，縮短工人的工作時間，在馬克思看來那是根本不可能的，因為資本家和工人的關係是絕對對立的，資本家只會為自己著想，而不會去管工人的死活。因此其價值形式由原來的80c+20v+20m=120w變成100c+30v+50m=180w，這種例子在整個資本論裡從來就沒出現過。那麼馬克思怎麼看待這一現象的呢？他認為因為更新設備、技術進步，從而提高了勞動生產力，在同樣的時間內，原來可以生產1件產品，現在生產1.5件，這1.5件產品和原來1件產品的勞動量是一樣的，也就是價值相同。資本家按市場價賣了180，這180是商品的市場價格不是商品的價值，這多出的60是生產該商品的資本家獲得的超額利潤。由此而論商品的價值與勞動生產力成反比，關於這點以後還要詳細分析，這裡還要先放一放。

面對上面的事例，按照馬克思的演算法，其剩餘價值率自然是50m/30v≈166%，儘管資本家給工人漲了工資，由原來的20v變成30v，工資增加50%，但是剝削率（剩餘價值率）還是提高了約等於66個百分點，這樣的理論分析，現在看來實難令人信服。

三、關於機器排斥人

沿著上述的例子我們再繼續往下分析。原來單件產品的價值形式還是80c+20v+20m=120w，由於技術進步，資本家改進了機器，使生產的自動化程度大大提高，原來由20個人的工作，現在10個人擺脫了繁重的體力勞動，由手工作業變為機械作業，另外又減少10個人（也就是10個工人被老闆辭退），生產崗位由原來的20個變成了10，假如一人一崗，那麼現在就有10個崗位不再用人工，而由剩下的10個崗位工人通過自動化的監控就能完成原來20個崗位工人的工作，同時勞動生產力也大大提高。由於技術更新、設備改造所產生的費用分攤到每個產品中的價值為假如是20，工效提高了0.5倍，原來生產1件產品的時間創造的價值120，現在生產1.5件產品，價格能賣180（其實應該說創造的價值是180），工人的工資水準不變，那麼現在技術改造、設備更新後的產品價格（價值）構成形式就是：100c+10v+70m=180w，因提高勞動生產力而實現的價格（價值）為60，即商品總價格由原來的120增加到現在的180，因更新改造設備投入的價值折舊為20，即c由原來的80增加到現在的100，工人的工資v由20降到10v，m卻由原來的20提高到現在的70，也就是說，有10個崗位的工人完全被機器替代，而提高了的50個m又完全是因為新機器的使用而產生的，工人由原來的手工勞動變成了自動化作業，改善了勞動條件，降低了勞動強度。在這種情況下即使不給在崗工人增加工資，工人也是樂意接受的，因為這種改變沒有他們的投入，也沒給他們帶來傷害，沒有他們所作的努力，一切都是資本家的事。

如果資本家再從70m中拿出10個m增加現有崗位的工人工資，那麼每個崗位的工人工資就增加了1，10個工人就增加了10，其價格構成形式變成100c+20v+60m=180，這對資本家來說付出的總工資不變，還是20v，投入的設備更新的費用c裡增加了20，由80變成100，但對工人來說，一部分人下崗失業，而剩下的一部分人則增加了工資，工資翻番，提高了待遇，改變了勞動條件，降低了勞動強度。這樣失業的人流到社會上從新找工作，在這個找工作的過程中，他們要反思自己下崗的原因，或者因為工作不努力，或者因為技術不如人，這就促使這部分失業的工人提高自己各方面素質和技能，以適應新的形勢和環境，而留下來的工人則會非常珍惜自己現在的工作，因此也會加倍的努力工作，這就為資本主義的社會化大生產不斷創造更好的條件。從剩餘價值角度說，這60m，比原來多出40m。而這40m直接來源於技術進步、設備更新改造，與工人的勞動沒大關係。如果一定要說有關係的話，那就是工人的勞動條件更加優越了，勞動強度降低了。這多出的40m作為超額利潤就為商品的降價銷售提供了空間，每個商品降5元，資本家還仍然有35個m的超額利潤，這有利於消費者，同時也推動了整個社會進步。在這樣的社會進步過程中，資本家、工人、廣大消費者，以至於整個社會都得到了好處。因此才能促進社會進步和經濟繁榮，資本主義正是沿著這樣的歷史軌跡前進的。

面對這10個失業者，資本家再從多出的m中拿一部分作為費稅交給國家，從而給失業者建立社保，這樣失業的工人有失業保險，也能夠體面的生活。這樣的情況下，無論是在崗的還是失業的都不會再去罷工，不再去和資本家鬥爭，也不再去組織武裝起義，去打倒直至消滅資本家。社會出現了和諧、進步、文明，這就是資本主義的發展史。這樣的歷史事實馬克思沒看到，他也沒有想像到，他看到的資本主義是罪惡的，用他自己的話說"資本來到人間，從頭到腳每個毛孔都流著鮮血和骯髒的東西"。因此他只看到了工人和資本家兩個階級的對立，沒有看到他們之間的統一。他對資本主義的分析已經遠離了他的哲學思想。

四、關於勞動生產力與商品價值的關係

針對上面的例子，因為新機械設備的使用，或是專利技術的應用，而引起的無論是原材料的降耗，還是生產效率的提

高，都可以按照馬克思的觀點作另一種理解。不是價值的增加而是必要勞動的減少。在上述的例子中原來產品的價值形式是80c+20v+20m=120w，技術革新、設備改造後，單位時間內原來生產1件產品，現在生產1.5件了，價值由原來的120變成了120+60=180。按照馬克思資本論的說法，這180不是社會平均必要勞動，平均社會必要勞動時間不會因為個別資本家生產力水準的提高而改變，也就是說社會必要勞動時間體現在商品的價值中的仍然是120，這多出來的60是個別資本家因技術進步、設備更新而獲得的超額利潤。100c+20v+60m=180w表示的僅僅是某商品的生產者的個別的價值形式，不能代表這種商品生產的社會平均價值，社會的平均勞動時間（或者說社會的平均必要勞動時間）還是120。正因為如此該商品才能按照原來的市場價賣出。馬克思的這個觀點也許暫時是對的，但是要不了多久，大家就會互相學習，都會用同樣的方式進行技術革新、設備更新，因此很快這種提高了的勞動生產力就會由個別到一般，由個別現象成為普遍現象。這樣一來，這種商品的市場價要麼普遍降低，直至降到1.5件商品只能賣到120的價格，從而實現價格向價值的回歸，要麼保持原來的市場價格，1.5件商品可以賣到180。因為勞動生產力的提高而在單位時間內多生產了產品的數量，其最終結果要麼是商品的價格與價值之間出現嚴重背離，要麼是該商品大幅降價，這二者必居其一。

　　100c+20v+60m=180w這個新的價格或價值形式，如果w還是原來的社會平均勞動量120，那麼其價值形式就是100c+20v+0m=120w，這樣的結果顯示，資本家的技術革新、設備更新不但沒有給資本家帶來任何好處，而且原來的剩餘價值20m變成了技術革新和設備更新的投入，也就是原來的80c變成了現在的100c。在這一過程中他不但沒有因為技術革新、設備更新而多賺，還賠了20m的利潤，這樣的結果對資本家來說簡直是災難，如果事實真的是這樣，那麼他再也不會去做這樣的傻事，由此社會勞動生產力就永遠不會提高，人類將倒退到前資本主義時期。這樣的結果顯然不符合資本主義生產方式的基本要求，資本主義生產目的是利潤最大化，資本家進行技術革新、改進設備，到頭來得不償失，甚至於連本來的利潤也失去了，傻子也不幹。

面對這一難題，按照馬克思的理論只能作如下解釋：商品的價值還是原來1件120，現在因為勞動生產力提高，原來生產一件產品的時間現在可以生產1.5件，而這1.5件的產品價值還是120，也就是說1件產品的價值只有80了，其市場價格還是按原來的水準賣出，每1件產品賣120，1.5件產品賣了180，這說明該商品的市場價格與價值出現了嚴重的背離。但是按照馬克思的觀點來解釋，這種背離不會永遠繼續下去。由於市場的競爭等因素，某種商品供大於求了，就會自然降價，也就是通過市場競爭引起市場價格降低，從而實現價值的回歸。按照這個思維方式引申下去，在17-18世紀，一個工廠一天生產一輛汽車，其價值凝結在商品中的社會必要勞動量如果是80c+20v+20m=120w，到了今天的21世紀，這個工廠每天可以生產100輛汽車，代表的還是120w價值，那麼其價值含量只有過去的1%，就算這汽車市場價值每輛由原來的120，降了一半還有60，那麼100輛汽車的市場價仍然是6000，也就是說市場價6000的一輛汽車，所含的必要勞動還是

120，甚至會小於120，不會大於120，因為勞動生產力的提高體現在單位產品中的必要勞動只會越來越小，不會相反，這是由資本主義生產方式決定的，也是人類活動受利益性驅動決定的。如果大於120，就是商品的市場價格與生產這件商品的價值出現了背離，按照馬克思的另外一個觀點看，這種價格與價值的背離應該是暫時的，商品市場價格總歸要在商品的價值量的上下浮動。商品的價格與價值之間出現成千上百倍這麼嚴重的背離是不可能的，甚至是荒謬的。如果一直這麼發展下去，隨著勞動生產力的提高，商品的豐富，其單位產品所含的價值會越來越低，由百分之一到千分之一，到萬分之一，最後趨向于或接近於零，這更是荒謬的。

由此可以說，無論如何，勞動生產力提高，其結果是商品量的增加，商品量的增加代表著總價值量的增加，這種增加代表的是社會財富的增加，由此給資本家、工人、政府，乃至整個社會和人民都帶來了好處，絕不是像馬克思所認為的技術進步、設備更新，勞動生產力提高僅僅是對資本家有利，而無產階級則越來越貧困。

通過上述的分析，又引出一個問題，即商品的價值與勞動生產力成反比問題，這也是馬克思資本論中關於商品價值論的一個主要觀點，被他稱作"商品生產的一般規律"。所謂勞動生產力提高，就是單位時間內創造了更多的使用價值。比如原來一個必要勞動日生產1件產品，現在可以生產2件，按這麼計算10個工人，原來每天可以生產10件產品，現在就可以生產20件。馬克思認為，原來一件商品的價值是一個勞動日，現在只要半個勞動日

就可以完成，原來一件商品可以賣100元，他的價值也是100w，
價值與價格統一，現在一件商品只能賣50元才能實現價格與價值
的統一，如果還賣100元，就是價格與價值的背離，這種背離的
結果致使一部分資本家獲得超額利潤，這是一方面。另一方面，
因為商品量的增加，供大於求，價格會隨著市場競爭自然降下
來，從而實現價值的回歸。按照這一邏輯，隨著生產力的提高，
商品的單位產品價值會越來越小，直至為零，或者商品的市場價
格逐漸降低，以實現商品價值的回歸。這是對商品價值進行倒算
得出的結果，是馬克思抽象的想像，市場經濟的發展規律絕不是
這樣，資本主義的生產方式也不會這樣。如果是這樣，商品的市
場價值和商品的生產價值之間會出現越來越嚴重的脫離，商品的
價格與價值也會出現越來越嚴重的背離。假如18世紀生產一台蒸
汽機，價值120萬元，賣出的市場價也是120萬，到了現在的21世
紀，這台蒸汽機連一萬的價值量也沒有了（也許它還能買到120
萬的市場價格或者更高點的市場價格），因為勞動生產力的提高
必然引起商品的價值下降。而作為使用價值，它現在的功能不但
沒有降低還會大大提高，但它的價值卻不得不隨著勞動生產力的
提高而不斷降低，因為勞動生產力提高了數百倍，這件蒸汽機的
價值也就得降低數百倍。既然商品的價值與勞動生產力成反比，
從18世紀到現在勞動生產力大大提高，這件蒸汽機的價值就得大
大降低。如果它的各項功能在屢次的技術革命中大大提高後，它
的市場價格還能賣120萬，那麼其市場價格與價值就相差了數百
倍，這麼多年來它的市場價格不但沒向其價值回歸，反而差別越
來越大了。這就是這一理論所引申出的謬誤結果。

因為勞動生產力的提高，在單位時間內創造了更多的商品。
例如：原來某商品的價值形式是80c+10v+10m=100w，而通過加
強管理，改進生產工藝流程在同樣的時間內提高工效0.5倍，也
就是原來生產1件商品的時間現在可以生產1.5件。同樣的情況在
商業流通領域和運輸業等表現的最為明顯，即通過加強管理，縮
短工作流程，從而提高功效，加速資本周轉。如果商品的市場
價格等於價值，原來1件產品，那是100w的價值，能賣100元的
市場價格，現在就是1.5件商品，如果商品不降價，就可以賣出
150元的市場價格。這多出的50元按照馬克思的商品價值理論可
有兩種理解，第一可理解為，這150元所代表的勞動時間仍然是
100w，因為勞動生產力的提高，這多出的50元只是商品的市場
價格或交換價值，不是商品的價值，商品的價值仍然是原來的
形式：80c+10v+10m=100w。這就必然形成商品的價格與價值的
背離，這種背離最終會被利潤的平均化而平均掉。因此由於勞
動生產力的提高，工作效率的提高，單位時間內創造了更多的
商品的使用價值。這時體現在單件商品中的勞動時間比以前更
少了，比如原來8小時生產一件商品，價值100w，而現在8小時
生產1.5件產品，原來一件產品的必要勞動時間8小時，現在只要
5小時多點的時間了。原來8小時的勞動量，可以生產價值100w
的商品，現在8小時的勞動量生產了1.5件產品，這1.5件產品只
是在使用價值上比原來多了0.5倍，而它的勞動量還是8小時，所
以1.5件產品的價值還是100w。原來一件商品市場交換價格100
元，現在一件商品還是賣100元的市場價格，那麼原來100w的產
品價值，市場交換價格是100元，現在100w的產品價值代表了1.5

件產品，可以賣出150元的市場交換價格，其價值和價格之間出現了0.5倍的背離。這就自然得出或者證明，單位產品的價值反而隨生產力的提高而降低，也就是商品的價值與勞動生產力成反比的結論。這一種理解好像更符合馬克思的思想，但是馬克思的價值理論同時又認為，價格與價值的背離是由於供求關係的影響而造成的，因為供大於求，商品就降價，即價格低於價值而出售，而在勞動生產力提高的情況下，應該是商品的數量會更多，因此在市場上應該表現為供大於求，因此應該低於商品的價值而出售。而上述例子表明的實際情況則相反100w價值的商品賣了150的市場價格，這表明商品的市場價格高於了商品的價值而出售，生產這個商品的資本家獲得了超額利潤。也就是說，按照馬克思的說法，勞動生產力提高了，單位時間內創造了更多的商品，就必須使商品降價出售，否則就必然出現價格與價值的背離，其背離的程度與勞動生產力提高的程度成正比。現在的情況是勞動生產力提高了，但是商品的市場價格沒下降，就出現了大量的價格與價值背離的現象。勞動生產力總是在不斷提高，而商品的價格並沒有跟著降下來，這是現實生活中的普遍現象。這是一個不可克服的矛盾，可見這一理解從馬克思的價值體系進行分析不符合馬克思的思想，同時也不符合商品生產和商品交換的實際情況。實際上在勞動生產率提高的時候往往商品還是按原價格出售，並不因勞動生產力的提高而造成商品數量的暫時增多，而馬上引起市場價格的下降。只有這種勞動生產力的提高由個別到一般的時候，也就是整個行業或整個社會勞動生產力都提高了，也許才會使某種商品出現降價銷售的現象。如果商品的價格大幅下降，必然導致以下兩種情況出現：其一是，在這種商品的降價現象還沒出現時，往往新產品就上市了，這新產品與過去的產品比較哪怕只有一點點改進，並不多加任何可變資本和不變資本的投入，它就可以維持原來的價格，甚至高於原來商品的市場價格出售。其二是，如果某種商品大幅降價，必然造成一部分工廠倒閉改行，一部分人失業下崗，不再生產該商品，這樣一段時間後該商品的供應量必然減少，由此價格又恢復到原來的水準。而這個價格的恢復，就是價格到價值的回歸，但是這個回歸卻與勞動生產力沒有關係。這時候，這種商品價格的提高不是由勞動生產力降低造成的，而是市場上商品的絕對量的減少造成的，由此可見這時商品價格的上升也不是與勞動生產力成反比的關係，也就是說生產商品的價格到價值的回歸並不是因為勞動生產力的下降造成的，僅僅是由於一部分企業的破產、倒閉、轉行而造成的市場商品的絕對量的減少而形成的。

原來單位時間生產1件商品的時間，現在可以生產1.5件，這1.5件的生產力既然提上來就不會再降下去，因為勞動生產力的發展與提高是一維的，隨著社會進步、技術創新、設備改造、管理的水準提高等，勞動生產力總是在不斷提高，不可能倒退。而商品的價格與價值的關係則應該是上下波動的，是隨市場供求情況而變化的。這也可以說明商品的價值與勞動生產力的提高或降低並沒有直接的對應關係，至少可以說這二者之間不應該是反比例的關係。因為市場價格的短期波動，是受供求關係影響的，市場價格圍繞商品的價值上下波動，其波動的幅度是有限的，並且可以高於價值也可以低於價值，但是勞動生產力總是在不斷提高，不會下降，這是由資本主義的生產方式決定的。如果商品的價值與勞動生產力成反比，那麼隨著勞動生產力的不斷提高，商品的價值會一直呈下降趨勢，顯然這是不可能的。

我們再看一個例子，假設原來一個工人，一個工作日生產1件產品，生產這件產品時資本投入的原材料和設備折舊是8元，工人的工資每人每天1元，剩餘價值率100%也是1元，那麼這個產品的價值形式就是8c+1v+1m=10w，10個產品的價值就是80c+10v+10m=100w，現在發明了一台機器，這機器代替了5個人的工作，如果工資水準不變，可變資本就減少了5元，假如這台機器轉移到單件新產品中的價值正好也0.5元，其他因素不變，10件產品其價值形式就是：85+5v+10m=100w，這就是說一台新機器每天轉移到10件產品中的價值正好是5個工人的工資，剩下的5個工人由笨重的體力勞動變成對機器的操作，因此改變了勞動條件，減少了勞動強度，拿到同樣的工資。這種情況，在馬克思看來他們受剝削的程度由原來的10m/10v=100%，變成了現在的10m/5v=200%。這連工人自己也不會相信。資本家使用新機器的結果必然是改變資本的有機構成，也就是不變資本不斷提高，可變資本不斷降低。如果商品的售價不變或者說市場價值不變，那麼改變的只是可變資本v和剩餘價值的比率。這樣的演繹結果只能是生產力提高，機器的使用，會使工人的受剝削程度越來越高，或者從生產力提高與商品價值成反比的角度去分析，商品的市場價格與價值越來越背離。這種理論無論怎麼說與資本主義生產發展的實際不相符，因此也難以令人信服。

　　這個問題的根源還是在於機器不斷創造剩餘價值，在馬克思看來，資金、技術、管理等等都不能創造剩餘價值，只有產業工人的勞動才是創造價值的勞動，其他任何勞動都是不能創造價值的（包括物化勞動與活勞動），甚至連商業勞動也不能創造價值，換句話說，也就是除了產業工人的勞動以外的所有人的勞動都是無功勞動，或稱作為非生產性勞動，只有產業工人的勞動才是有用功勞動。在工廠裡，哪怕實行了完全的電氣自動化，讓機器人投入生產線，這個機器人也不能創造價值，因此也不能創造剩餘價值。在上述的例子中5個工人完全被機器取代，按照馬克思的觀點，其剩餘價值是由剩下的5個工人創造的，與機器的使用沒關係。如果我們進一步的假設隨著自動化水準不斷提高，資本家自己（當然可以是一人，也可以是若干人）去操作機器，他不再去雇用工人，這時的剩餘價值不知應該屬於誰創造的！是資本家自己創造的，還是機器設備、技術、資金、資訊、管理等諸多生產要素共同創造的。按照資本論的描述，資本家作為食利者是不參於價值和剩餘價值的創造的，資本家對工廠的管理是資本家對工人的統治和奴役，即經濟之外的壓迫與剝削，而資金、技術、設備、管理等，包括資本家雇用的工頭，對工廠的管理都是不能創造價值和剩餘價值的。

　　按上述所舉例子：80c+10v+10m=100w，因技術進步、設備更新而使價值形式變成85c+5v+10m=100w，再進行一下改變，假如新技術、新設備的使用，轉移到新產品中的價值不是5而是10，而替代的工人還是5，他的產品還是原來價格賣出，那麼其價值形式：90c+5v+5m=100w，這樣按照馬克思的方法進行分析，資本家對工人的剝削程度沒變，剩餘價值率原來100%，現在還是100%，剝削率一樣，但資本家得到的剩餘價值的絕對值由10m變為5m，降低了50%，利潤率由原來$\frac{10m}{80c+10v}=\frac{1}{9}$，因設備更新技術進步變成現在的$\frac{5m}{90c+5v}=\frac{1}{19}$。這樣的結果顯然資本家是不願接受的，反過來說，要使資本家利益不受損，或者讓資本家願意進行技術革新、設備更新投入的結果，至少他原來的10個m剩餘價值不能少，那麼一方面只有減少工人，讓一部分工人下崗，使他的價值形式由80c+10v+10m=100w，變為85c+5v+10m=100w，或者另一方面，因提高了勞動生產力，提高單位時間內的產品產量，假如勞動生產力提高10%，原來生產1個產品的時間現在可以生產1.1個產品，他每天11件產品的市場價值就必將成為110，這樣他的商品價值的形式變為90c+10v+10m=110w，這是資本家和工人雙方都可以接受的，但是這110w的商品市場價值已經與100w的生產價值相背離，而且隨著勞動生產率的提高，這種生產價值與市場價值的背離將會永遠繼續下，從而背離的程度會越來越高，由1到10，到百、到千、到萬……因為技術進步無止境，這種背離就無止境。這不是我們的假設造成的，這是馬克思的"生產力提高與商品價值成反比的理論假設"必然導致的結果。然而事實上這個結果不存在，從而反過來證明，生產力提高與商品價值成反比的理論假說也是不存在的。

　　如果商品的價值與勞動生產力成反比，那麼在勞動生產力大大提高的今天生產的一件商品，與幾百年前生產的同樣一件商品作比較，其價值就會小得可憐，甚至沒法進行計算。勞動生產力提高一倍，商品的價值就降低一倍，而且這種降低是不可逆轉的，這是由於資本主義的生產方式決定的，這樣生產力不斷提高，商品的價值就永遠不停的降下去，這就讓商品的價值與市場價格的背離越來越嚴重，因為生產力提高會不斷的進行下去，永無止境，這種背離也會永遠發展下去，這就違背了馬克思自己的另一個觀點——商品的市場價格隨價值而上下波動，這種波動是暫時的，波動的幅度是有限的，價格會向價值自然回歸，不會永遠背離下去。由此可見，馬克思關於商品價值與勞動生產率成反比與他的商品價值決定商品的價格，價格圍繞價值而上下波動的觀點是自相矛盾的。

下面再看一個農業生產的例子。中國大陸安徽省的淮北地區，70年代農業全靠人力和畜力，小麥產量每畝平均80斤，至少要用100個勞動日，而到了2010年農業基本上實現機械化和小麥品種的改良，每畝小麥平均可以達到800斤，並且同樣用100個勞動日可以種10畝地，也就是可以生產小麥8000斤。這樣勞動生產力就提高了100倍，但是勞動力的價值降低100嗎？按照馬克思的說法，小麥的價值應該下降100倍，怎麼去測量並加以證實呢？不知道。事實上我們看到的小麥的市場價格由70年代的每斤0.2元，上升到2010年的每斤1.2元，提高了6倍。這樣一來，除去通貨膨脹的因素以外，小麥這個商品的價值與價格背離得就太遠了，實在難以令人相信。

再拿GDP的計算來看這個問題，GDP代表的是在一定的時期內，一個國家或地區的經濟中所生產出的全部最終產品和勞務的價值。如果按收入法計算，GDP的總和就是勞動所得工資＋土地所得地租＋資本所得利息＋企業家得到的利潤。

如果按照生產法計算，GDP就是：提供物質產品與勞務的各個部門的產值來計算的國內生產總值。它等於勞動報酬＋生產稅淨額＋固定資產折舊＋營業盈餘。

可見無論用哪種方法計算GDP，它代表的都是一個國家或地區一定時間內的全部最終產品和勞務的價值之和。如果GDP今年比去年增長10%，那麼按照馬克思的理論，這個價值的增長對應的是勞動生產力的下降，也就是說GDP增長10%，勞動生產力就會下降10%，顯然這是荒謬的結論。如果說勞動生產力沒有降低，還是去年的水準，那麼這增長的10%就不是商品的價值，而是價格，這樣一來價格與價值之間的背離就是10%。而如果連續10年GDP增長10%，那麼價格和價值就出現100%的背離，也就是說價格與價值之間已經幾乎沒有什麼關係了。顯然這個結論也是荒謬的！然而按照馬克思的商品的價值與勞動生產力成反比的觀點來推論，面對上面的實例就必然得出這樣的荒謬結論。

按照馬克思的這一理論，自然還會推導出以下兩個結論：

其一是，馬克思認為勞動力的價值與勞動生產力成反比。所謂勞動力的價值就勞動者的工資，在價值公式中用v表示的那一部分。這也就是說是隨著勞動生產力的提高，工人的工資會越來越低。那麼17-18世紀，英國的工人工資僅能維持最低的生活水準，到了今天勞動生產力提高了上千倍，那麼工人的工資就應該下降上千倍。對照今天的事實來看，簡直是無稽之談。

其二是，馬克思還認為"一國的資本主義愈發展，那裡的民族的勞動強度和生產率就會按同一程度高於國際水準"。今天，西方發達國家的發展事實已經告訴我們，資本主義愈發展，那裡的民族的勞動強度愈低，美國的資本主義比南非發達，美國工人的勞動強度遠遠低於南非國家工人的勞動強度。這和馬克思的結論正好相反。至於資本主義愈發展，勞動生產力就越高，那是當然的。只不過這個提高了的勞動生產力並不會與商品的價值成反比也不會與勞動力的價值（工資）成反比。

關於商品價值的數學公式其實很簡單，就是勞動效率乘上勞動時間=勞動價值，也就是說商品的價值等於勞動效率（或說是勞動生產力）乘上勞動時間。商品的總價值既與勞動時間成正比也與勞動效率（勞動生產力）成正比。而勞動效率下降的現象在資本主義的商品生產中幾乎是不存在的，這是因為勞動效率隨著技術的進步只會提高，不會降低。即便是在縮短了勞動時間的情況下，由於勞動效率提高的幅度遠遠大於縮短勞動時間的幅度，因此單位時間內所創造的商品價值量還是會有所提高。針對這一商品價值公式，我們只能理解為在勞動時間不變的情況下，隨著勞動效率的不斷提高，商品的價值總量跟著會不斷提高，而不能認為在勞動時間不變的情況下，勞動效率的提高商品的總價值不變，從而反使商品的單位產品的價值降低。商品的價值由生產它時的社會必要勞動時間決定，但是這個必要勞動時間應該就包含了勞動時間和勞動效率乘在一起的社會平均化，一旦勞動效率改變，商品的價值量必然改變。我們和馬克思的區別僅僅在於，這個價值量的改變是上升的改變而不是下降的改變，商品的價值總量與勞動效率成正比關係。因此我們認為勞動效率的提高，會引起商品的總價值量上升，而單位產品的價值量不變，馬克思則認為勞動效率的提高，商品的總價值量不變，從而單位產品的價值量會相應的降低。

第二章　技術進步是否也能帶來剩餘價值

　　按照馬克思的商品價值公式：w=c+v+m，在w不變，c不變的情況下，減少v就可以增加m，其方式是（1）增加剩餘勞動時間（增加絕對剩餘價值），（2）減少必要勞動時間（增加相對剩餘價值）。那麼我們是否可以作出這樣的分析，通過技術進步（新技術、新材料、新設備、新工藝的應用）和管理水準提高，增加了c的投入，在工資v和剩餘價值m不變的情況下，自然就增加了w的值，對資本家來說c的增加必須小於w的增加，反過來說也就是，由於技術進步帶來的w的增加必須大於因此而追加的投入c，這樣技術進步對資本家來說才有意義。這樣的情況下，工人的工資不變，剩餘價值m就變成了w-c的結果，這多餘的部分要麼是增加工人工資v，要麼是增加剩餘價值m，或者是v和m同時增加，也就是在工資和利潤之間的分配問題。只要因為技術進步提高的勞動生產力增加的商品數量的市場價值（或者說價格）能大於資本的投入的價值（或價格）就行。而馬克思的生產力提高與商品價值成反比的理論卻禁止作這樣的分析，只能作w不變的分析，勞動生產力提高了，單位時間內的產量增加了，但卻降低了單位產品的價值。原來的商品價值形式80c+20v+20m=120w，因為技術進步、勞動生產力提高後，原來一天生產1件產品，現在一天生產1.5件，現在的市場行情沒變化，還是按照原來的價格水準出售，那麼現在的1.5件產品就可以賣到180，如果不用馬克思的勞動生產力提高與商品的價值成反比的理論去分析這一問題，也就避開了這其間出現的價格與價值背離的問題（關於這一理論的誤區在上面的敘述裡已經說得夠多的了，這裡就不再多說了）。商品的數量1件=120，那麼1.5件商品就是180，如果把這個180的價格也看作商品的價值，那麼首先就解決了價格與價值的背離問題（雖然價格與價值的背離是客觀存在的，但是這個背離的原因再也不是因為勞動生產力的提高而造成的，而僅僅是因為市場行情的變化而引起的暫時現象。這時的價格與價值的背離或者是因為流通領域的不暢，或者是因為商家的囤積居奇，或者是因為商品的更新改型造成等等）。其次也告訴我們，技術進步也能創造價值和剩餘價值。針對上面的例子來說，原來每天生產一件產品賣120，現在每天生產1.5件產品賣180，價值增值了60。這60的增加並沒有降低工人的工資，也沒有讓一部分工人下崗失業。在這種情況下，技術進步對工人沒有任何影響。如果從這增加的60中除去因為技術革新、設備更新投入的20（假設是這個數），那麼就還剩40了。這40就可以在資本家與工人之間進行分配，假如資本家和工人各得一半，那麼工人的工資v變成40，提高了100%，資本家的剩餘價值m也變成了40，同樣也提高了100%。在同樣的勞動時間內，工人的工資v增加了一倍，資本家的剩餘價值m也增加了一倍，而這多出的40完全是由於技術進步產生的，工人原來幹什麼現在還幹什麼，原來每天8個小時上班，現在還是8小時上班，但是原來8小時的工資是20，現在8小時的工資是40。這多出的40雖然工人和資本家各得了一半，但是這多出的40是技術進步的結果，不能認為是工人創造的。在技術進步這一活動中，資本家進行了追加投資，這投資分攤到單件產品中為20c，由此他獲得了剩餘價值20m，這是他的投資回報，也是投資風險所帶來的利潤。而工人多得到的20v則是坐享其成，因為這多出的20v沒有他們的任何貢獻，全是因為技術進步帶來的好處。除此之外，因為技術進步也許還可以改變他們的勞動條件，降低他們的勞動強度。這樣資本家和工人都有好處，皆大歡喜。由此推動了整個社會的進步和文明，這就是資本主義從低級階段到高級階段的發展史。下面我們再來分析幾個案例：

案例一：一位農場主原來的播種、施肥、噴撒農藥、田間管理、收割等全部是雇用工人，其單位產品可以是糧食，也可以是棉花或其他任何農產品，計量單位可以是公斤也可以是噸等。假如其原來的產品價值形式是80c+10v+10m=100w，現在他大量使用機械化作業，因而辭掉所有工人，自己操作機器，只是在收割時短期雇用工人（假如從事棉花採摘工作），假如因為農業機械化的利用，他購買各種農機的費用分攤到單位產品的價值轉移為9，而他雇用短工的費用由原來的10，降到1，如果他的棉花還是按原來的價值出售，現在的價值形式就是：89c+1v+10m=100w，按照馬克思的剩餘價值論，現在的這10個m就是由1v創造的，原來10個m用工人10v，現在同樣10個m用工人1v。這樣剩餘價值率就由原來的10m/10v=100%，變成了現在的10m/1v=1000%，提高了10倍.按照這樣的分析，儘管這位農廠主的絕對剩餘價值量沒變化，但工人受剝削的程度增加了10倍。在總價值不變的情況下，許多工人全年的勞動變成了少量工人季節性的勞動。假如原來的棉花整個生產過程每年要幹200天，現在只有在採摘季節雇工人幹20天，就能完成採摘棉花的工作，但這20天的季節短工創造了過去200天常年雇工的工人的勞動價值。這樣一來，棉花的剩餘價值僅僅形成於棉花的採摘階段，在耕地、播種、除草、施肥、田間管理等階段都是由農場主自己操作機器完成的。按照馬克思的觀點，這樣的價值形式反映的內涵是（1）農場主操作機器的勞動不是勞動，或者說不是創造價值的勞動。即便是勞動，那也應該和機器c的一部分一起將其勞動轉化到產品的價值之中，他的勞動是不創造價值和剩餘價值的，或者換句話說只有工人採摘棉花時的勞動才創造價值和剩餘價值。如果這操作機器的不是農場主，而是雇工，那麼這個雇工的工資就是V，這個V就是創造價值和剩餘價值的源泉。同樣的事情，同樣的作業讓老闆使用機器，老闆的勞動就要和機器設備折舊價值一起轉到產品中，而一旦換成雇工操作，這個機械操作工就是剩餘價值的創造者，因為他的勞動力價值是v，而勞動的價值則是v+m，其中v是他的工資，m作為剩餘價值被老闆無償佔有。這種對人不對事的分析顯然是不科學的，也是難以令人信服的。反過來我們如果採取對事不對人的分析，其結果就不是這樣了。如果把操作機械的勞動作為人類勞動，那麼老闆的勞動和工人的勞動應該是一樣的。既然是一樣的勞動就是應該創造同樣的價值和剩餘價值。也就是說老闆的勞動也應該有必要勞動和剩餘勞動二部分，這一方面是因為作為老闆的資本家也要生存，也要衣食住行的費用，另一方面他的勞動必然也會有剩餘，因此就形成剩餘價值。
（2）整個棉花的種植過程包括耕、播、管、收等幾個階段，如
果說只有用來採摘棉花的階段因為是雇短工作業，才創造價值和
剩餘價值，那麼對於沒有雇用工人的其他生產階段的作業就不創
造價值和剩餘價值，這顯然也是說不通的。（3）既然除了採摘
之外的所有勞動都是機械化作業的，那麼作為價值和剩餘價值裡
面也應該有一部分屬於機械創造的。機械的勞動也是創造價值的
勞動，不應該僅僅作為物化勞動，以折舊的方式轉移到產品價值
中。（4）無論是資本家的勞動或是設備的使用，都與工人沒關
係，如果承認棉花的價值形成於從種到收整個生產過程中，那麼
除了採摘過程以外的生產過程就應該產生價值和剩餘價值，而這
個價值和剩餘價值顯然與採摘階段雇用的短工沒任何關係。因為
作為棉花採摘工創造的價值和剩餘價值已經體現在了商品的價值
之中。（5）假如這個農場主雇摘棉採摘工時付出的工資比市場
上平均工資高一倍，工人在單位時間內付出同樣的勞動量，得到
的報酬就多一倍，這對工人來說不是加重了剝削，而是減少了剝
削。（6）隨著技術進步，假如因為機械的使用，勞動生產力又
提高一倍，原來20個勞動日完成的採摘工作，現在10個工作日就
可以完成，老闆出的工資還是那麼多，這就意味著工人10天掙了
過去20天的錢，剩餘的10天可以另外打工賺錢，而對老闆來說這
剩餘的10天可以休閒或另幹別事。因為農業生產不象工廠產品生
產，農業生產是受季節性限制的，因此農產品產量或者說勞動力
的提高，也是受限制的。這樣的實例在中國新疆的大量棉花生產
地是大量存在的。

案例二：某工廠有ＡＢＣＤ……等共10個工作崗位，而一個崗位假如用一個工人，那麼10個崗位就會用10個工人，如果每個工人工資為10元／天，10個崗位的工人工資就是100元／天，如果剩餘價值率是100%，那麼v=100，m=100，每天生產一件產品，原材料加上設備折舊等轉移到產品中的價值假設為800，則c=800。那麼這個工廠單件產品的價值量是：800c+100v+100m=1000w。現在因技術進步、新設備使用等致使10個崗位中有4崗位被新的設備替代，如果工人的工資不變，還是每人10元。那麼現在的v就由過去的100變成了60，假如新技術、新設備折舊轉移到單位產品中的價值為20，如果現在的產品還是按原來的市場價賣出，那麼現在的產品價值形式就是：820c+60v+120m=1000w，這裡的820c由原來的800機和新加的20機構成，如果剝削率不變，剩餘價值m就應該是工人勞動60v創造了60m，新增加的技術進步或機械設備投入20c創造了60m，於是現在的剩餘價值m是120。顯然這120m的構成就是：60v工人創造了60m，技術進步或設備改進創造了60m。這個價值形式進一步解析為：820c由原來的機械折舊和材料費用消耗800，加上新增加的技術進步或設備更新的分攤或折舊20構成。這樣分析的結果是：原來800c對應的m是100，對應的v也是100，現在技術進步後的對應關係變成820c對應的工資是60v，創造的剩餘價值是120m，這120m有工人創造了60（因為工人的工資水準、勞動強度都沒變），也有技術進步或設備改造創造的60，也就是說是這增加的20c技術進步或設備更新的投入創造了增加的60m剩餘價值，工人的工資60v創造的還是過去的60m剩餘價值。這樣資本家因技術進步多得的20m剩餘價值就只能理解為是技術進步的結果，與這6個崗位的工人勞動毫無關係。因為工人幹活並無變化，勞動強度和勞動時間也都沒有變化，因技術進步節約的4個崗位的工資40v，一部分（前例是20）作為機械的折舊轉移到新產品的價值中，就相當於20v的工人工資，另一部分就作為剩餘價值的20m成了資本家的投資回報，或稱作利潤。這樣的分析結果就表明，技術進步也能創造價值和剩餘價值，而這個價值量在上述的事例中就是20m。再退一步說，至少可以認為現在的120m的剩餘價值是由機械、人工、管理、技術等諸多生產要素共同創造的，不再單單是剩下的這6個崗位的工人創造的。

這是非常清楚明白顯而易見的，而馬克思的資本論卻把這一現象變得非常深奧而玄妙，使這個價值形式變得異常複雜起來。按照馬克思的分析，人工費由原來的100v降到現在60v，如果剩餘價值率不變，那麼60v只能創造60m，如果商品總價值還是1000w，那麼原來的100v+100m=200現在變成了60v+60m=120，這80的差額到哪去了呢？只有想當然的把它加到c中：價值形式就變成880c+60v+60m=1000w。如果這樣，資本家的剩餘價值不升還降，由過去的100m降到現在的60m，利潤由過去的 $\frac{10m}{800c+100v}=\frac{1}{9}$ ，變成了現在的 $\frac{60m}{880c+60v}=\frac{3}{47}$ 。這樣就自然消滅了資本家進行技術革新和設備更新等技術進步活動的動力和衝動。如果要保持資本家的投資保值增值有利潤，在產品總價值不變的情況下，那麼他因技術革新、設備改造的投入就必須小於他所得到的剩餘價值m，也就是：商品的總價值1000w不變，那麼價值形式只能是820c+60v+120m=1000w，這樣資本家通過技術進步就多了20個m

的剩餘價值，對於工人來說資本家所多得的這20m與他們沒任何關係，工資沒降低，勞動條件和勞動環境會改善，勞動強度只會因技術進步而降低，區別只是原來10個崗位，現在只有6個崗位了，其中有4個崗位因為技術進步而裁減掉了。除了上述情況以外，還可以是因為技術進步提高了生產力，原來單位時間內生產1件產品的時間，現在可以生產1.5件，單位時間內生產的產品數量提高，而產品的市場價還不變，原來1件產品賣1000元，現在1.5件產品就可以賣到1500元，而多出的500除了因技術進步或設備更新的投入折舊分攤到單位產品中的部分以外，剩下的就肯定是資本家的利潤，或者說剩餘價值。這部分剩餘價值就應該理解為因技術進步或設備更新創造的，而不是工人的勞動創造的。假如，c部分由原來的800增加到1000，還有剩下的500供v和m之間從新分配，如果各得一半，則工人的工資由每天100變成了250，剩餘價值也由原來的100變成了250，也就是提高勞動生產力後的每天的產品價值形式變成：1000c+250v+250m=1500w。面對這樣的結果，資本家多得了150的利潤，工人多得了150的工資，誰不願意呀。資本主義的發展，正是沿著這樣的軌跡運行的。

機器對人的影響，在馬克思看來會出現以下結果：（1）機器生產相對剩餘價值，不僅由於使勞動力貶值，使勞動再生產所必須的商品更加便宜，而且由於機器使用，工人的勞動變為高效率的勞動，把機器製造產品的社會價值，提高到個別價值以上，從而使資本家能夠用較小的價值部分來補償勞動力的價值。（2）資本對勞動力佔有，會大量使用婦女和兒童。（3）工作日會延長。（4）工人的勞動強度會提高。

　　但是，馬克思的所有這些論斷都與資本主義生產發展的實際情況不相符。資本主義世界從18世紀到現在發展的歷史事實說明：（1）勞動力沒有貶值，反而不斷增值，人工相對於機器來說顯得越來越貴。在中國，20年前到理髮店理髮，每人次0.2元，30年後的今天每人次升到20元，上升了100倍，就算去除10倍的物價上漲因素，工資也上漲了10倍。30年前在職職工平均工資30-40元／月，30年後的今天平均工資3000-4000元，去掉10倍的物價上漲因素，工資水準也上漲了10倍。這是我們的親身經歷，這一事實說明勞動力沒有貶值而是升值，在西方發達的資本主義國家裡，勞動力價值也總是在不斷升值的。（2）社會福利的建立使婦女兒童得到了保護。（3）普遍的社會保障的建立使失業工人可以體面的生活。（4）工作時間由每天10小時，到8小時，到6小時，每週工作時間由7天到6天，再到5天，逐漸降低。（5）因新技術採用，電氣自動化的廣泛應用，工人的勞動強度越來越小，體力勞動者越來越少，腦力勞動者越來越多。一些繁重的體力勞動崗位變成了"按電鈕"或者是"視屏監控"操作。

　　機械化、電氣化、自動化的發展和科技進步，一些作業本來由人工作業的，現在變成了機器，這個機器的作用就是和人工一樣的，從這點上說，他是個機器人。這個機器人也應該參與到產品價值的生產和剩餘價值的生產之中。工人的勞動僅僅是生產要素的一部分，除此之外還有資金、技術、資訊、管理等等，因此不能把工人的勞動作為創造剩餘價值的唯一源泉，剩餘價值應該是諸多生產要素或資源合理配置、並有機組合而產生的。

　　馬克思還認為，"由於使用勞動的價值是由資本支付決定的，資本只有在機器的價值與所代替的勞動力價值之間存在差額時，資本家才會使用機器替代人從事生產作業。"這也不全對，就是在機器的價值與所代替的勞動力價值之間相等的條件，資本家也寧願使用機器代替人進行生產作業，因為機器比人聽話、好使。相對於人來說，機器除了能大大提高勞動生產效力外，還讓資本家管理起來更省心。

隨著電氣化自動化生產的出現，作為代替工人勞動的機器人有了人的某些功能，這個只會幹活不會講話，只有聽命沒有思想的"鐵人"顯得十分能幹，遵紀而聽話。如果把他當作特殊的勞動者來對待，他的勞動也應該參與商品價值和剩餘價值的生產。其工資就是製造和維護其存在的價值，按照他的壽命週期分攤到具體商品中的數量。在滿負荷工作狀態下，他表現得更穩定，更精確，不會罷工，也不會要求漲工資，更不會隨自己的情緒波動而影響產品的產量和品質，而操作這個機器的人，可以把他視為工頭或者老闆聘用的管理者，如果把機器當人看待就是以上這種情況。反過來如果把人當機器看待，則人的工資同機械設備的新舊一樣，會按照他的生產和維護其存在的費用按照他的生命週期被平均分攤到商品的單位產品之中，資本家正是這麼把工人的勞動看做人力資本的，也一直是把人當做機器一樣對待的。

縮小必要勞動時間，獲得相對校多的剩餘勞動，簡單看可以通過優化勞動組合或改變工藝流程而達到，但更主要的方法還是技術進步，自動化程度的提高。這些活動都是資本家的事，是資本家為實現利潤最大化從事的逐利行為，與工人的勞動沒什麼關係。由此獲得更多的剩餘價值也與工人的勞動沒關係，要一定說是勞動創造的價值，那也是資本家的勞動創造的，只不過資本家的勞動往往體現的是一種管理型的腦力勞動。科技進步，新產品研發，資本家要進行大量的投入，同時也承擔相應的風險，而工人則可以坐享其成。因此因技術進步所創造的超額利潤和剩餘價值與工人的勞動也沒關係。要說有關係，也只是改變了工人繁重的體力勞動，使勞動變得智慧化。

隨著生產力的發展，社會進步，工人的生活水準自然也會提高，從而用於工人自身消費的社會必要勞動量也會提高，也就是勞動價值的提高，自然會帶來勞動力價值的提高。而馬克思則正好反過來說，勞動價值提高，勞動力價值就會降低，因此隨著生產力提高，無產階級會極端貧困化。這完全是他的剩餘價值理論缺陷所導致的一個假想結果。事實並非如此，實踐告訴我們，科技的進步、生產力提高，也許會引起m/v的比率即剩餘價值率的提高，但勞動力價值的絕對量是不會降低的，事實上從18世紀到現在，勞動力的價值不僅沒有隨生產力的提高而降低，反而大大的提高了不知多少倍。

案例三：一個跑運輸的商人，他有一輛車或者是一艘船，他開始的時候用人工拉這輛車或是這個船。他投入車船的造價是80c，而他雇人所用的工資是10c，假如他從甲地到乙地跑一趟能得到100的收入，而這100的價值形式就是：80c+10v+10m=100w，也就是說他的商品的價值正好等於市場價格。這樣他的剩餘價值為10m，利潤是$\frac{10m}{80c+10v}=\frac{1}{9}$。後來因人工費提高以及工人的罷工和懈怠，他買了匹馬拉這輛車，而這匹馬的平均壽命折算到單趟運費裡的價值假如正好是10v的工人工資價值，假如他的運價還是那麼多，他將人辭去換成馬拉車，其價值形式仍然是80c（車）+10v（馬）+10m=100w，這一方面可以理解為過去的10個m是10v的工人創造的，現在的10個m就是10v的馬創造的，馬代替了人，馬變成了可變資本，馬的勞動力價值成為創造價值和剩餘價值的源泉。這10個m是車主的勞動和馬的勞動共同創造的，按照常識我們就應該這麼理解。但馬克思卻不這麼認為，在車主雇用工人的時候，價值形式是80c+10v+10m=100w，這其中的10m不是車主創造的，10個m與車主的的勞動沒關係，10個m僅僅是由工人的勞動10個v創造的，也就是說工人的勞動創造本來是20，其中的10v作為工資發給了他們，而剩下的10m則作為剩餘價值被車主無償佔有了。

　　而這位車主一旦把人力車換成馬車，他就變成了個體勞動者，他因此既不剝削別人，也不受別人剝削，自食其力。如果作為w的商品價值不變，他的馬按照平均使用壽命折合到單趟運輸成本裡的價值和雇用工人相等。這時他的這一改革雖然沒多得利，但卻省了心，因為管馬遠比管人要容易得多，馬也不會和主人作鬥爭。這樣他的商品現在的價值形式就是90（包括80車＋10馬）c+10m=100w，這時候這10個m是誰創造的的呢？要麼是車主自己的勞動創造的，那麼商品的價值形式就是80車＋10馬=90c，90c+10m=100w，這10m可以理解為車主自己給自己發工資，也可以認為是他的利潤。要作為剩餘價值，那是他自己對自己的剝削，要作為勞動報酬，那是他趕馬車的勞動所得，要作為利潤則是他投入90個c的價值回報。但是按照馬克思的理論，沒有對工人的剝削何來的剩餘價值和利潤？而如果作為投資回報，他就成了食利者。如果把這10m作為工資考慮，這個跑運輸的老闆他就是勞動者，而作為資本家的勞動在馬克思的資本論裡從來就是不存在的。馬克思始終認為資本家是不勞而獲的，他的勞動就是對工人的剝削和奴役，現在這輛車和那匹馬就成了他剝削和奴役的對象。

　　再進一步分析，為了提高效率，馬車老闆把馬賣掉換成機械作為動力。如果單趟運輸總價值不變，他用機器和用馬的費用轉移到產品價值中還是10。那麼這樣的簡單置換從產品價值形成分析和原來一樣90c+10m=100w，問題是這樣的情況與車主的初衷肯定不相符，他更換機械的目的是實現多拉快跑，機械力比馬力能提高工效，從而可以創造出更多的剩餘價值。如果原來一天一趟，即使是現在2天跑3趟，他的工效就是原來的1.5倍，如果單趟運費還是那麼多，他現在的價值形式按天計算就應該是90c+60m=150w，現在這多出來的50，完全歸他自己，這是他自己加重了對自己的剝削了嗎？沒有，他因機械的使用降低了勞動強度，改善了勞動條件，這現在的60m甚至比過去的10m賺得還輕鬆。如果沒加重剝削，他多得這50m是從那裡來的？按照馬克思的價值論，這50m就只能是超過平均利潤的超額利潤。就是說這個車主因為機械代替了馬而獲得了比社會平均價值多50的超額利潤。這樣的結果自然會引起別人仿效，同行們也會投入資金將馬車換成機械作業的拖拉機或汽車，這樣大家的工效都會跟著這個頭腦聰明的車主而提高。結果又會怎麼樣呢？運費下降，直到降到原來的價值水準，於是就實現了價格到價值的理論回歸。這樣的結果，隨著生產力提高，新技術採用，會使所有的從事這方面運輸的市場價格出現普遍下降的趨勢，而且勞動生產力提的越高，運輸價格會降的就越多。這樣的理論僅僅是假設的推導，永遠無法得到證實，我們在日常生活中看到的往往是商品漲價多於降價。當然商品的漲價不能排除通貨膨脹的因素，但通貨膨脹是貨幣濫發造成的，這是近代的經濟現象，但是技術進步，生產力提高卻是千古不變，永無止境的，這一點是被人類的發展歷史證明了的。而按照馬克思的價值理論去理解，當不存在通貨膨脹時，商品的價格是永遠只會降而不會漲的，即便是出現偶然的漲價現象，那也是供求引起的偶然現象，與商品的價值沒關係。因為商品的價值與勞動生產力成反比，而勞動生產力是只上升不會下降的，而且時刻都在不停的提高著。如果價值決定價格，在沒有通貨膨脹的條件下，商品的價格永遠是呈下降趨勢的。這只能是馬克思想象出來的，商品經濟的發展史無法證明這一點。

　　由於車輛從人力到馬力，再到機械的進步，使原來拉車的工人失業了，這是事實，也是勞動生產力提高、技術進步的必然結果。面對這一現實，怎麼辦？於是整個資本家階級利用國家的權力，要求每個勞動者和資本家都要向國家納稅，國家通過政府行為從稅收中抽出一部分給失業者發救濟金和最低生活保障金。從而實現了弱勢群體也能過上體面的生活，這就是西方資本主義的發展史。

　　而一些所謂的社會主義國家則接過馬克思的理論武器，本來車主雇了10個拉車的工人，其價值是80c+10v+10m=100w，馬克思說這10m是工人創造的，老闆是食利者，不創造任何價值和剩餘價值。於是這10個人中就有精英站出來，以馬克思主義作為理論武器，號召工人起來革命，把車老闆打倒直至消滅，從而把他的車給奪過來平均分配給10個人所有。這樣80c的資本被10個人分，從理論上講每人就得到價值的80/10，每人8元。但這車是一個整體，不能分拆成10份供各人自己使用，因為工業化的勞動必須是集體勞動、協作生產，怎麼辦呢？於是就只有以國家的名義把這80資產收為國有，並美其名曰全民所有。這樣，這10個工人就共同拉這部車，拉這部車所得的10個m的剩餘價值理論上是這10個人共同佔有，實際上全被國家拿了去。工資平均分配，10個人每個人拿到1個v的工資，因此這個組織被稱作國有企業。作為國有企業的工人，他們拿的是國家的工資，因為10m剩餘價值的分配權不在他們手裡，他們也就不關心這10個m的問題，管它是10m還是5m，反正與他們沒關係，管它到了誰的手裡也與他們沒關係，於是他們只關心那1v的工資是否按時發放，是否會被以各種理由做一些扣除。關於交給國家的那個剩餘價值m，則由各級官僚掌握著，怎麼用？由官僚們開會決定，在用的過程中是否會被層層的官僚貪占為己有，或者是為小團體謀私利，那對於工人來說是管不著的，他們既不想管也管不著，那就隨他去吧。隨著時間的推移，革命激情散去後，這個車越拉越破，沒有人愛惜，沒人維護，致使生產力發展越來越慢，勞動者的工作積極性也越來越差，反正每天1v的工資，企業是否有利潤與他們沒關係，產品由國家包銷也不愁賣不出去，因此提高產品品質和服務品質、改進產品功能就失去了原動力，這樣技術進步也就沒人作為了。這樣的結果，運行下去，不僅產品品質和服務品質差，科技進步更無從談起，於是社會主義的國家所有條件下的這輛車便越拉越破，拉車的工人收入也越來越低，直至連肚子也吃不飽了。

如果他們受到國外資本主義高速發展經濟、大踏步提高生產力所帶來的社會進步的刺激和感召，他們感到也要通過機械的使用來提高生產力，這樣他們也會把車變成機械。換成機車以後就會選擇出代表作為掌車人，或叫做駕駛員。這個駕駛員開始也許很敬業，但隨後因缺乏必要的監督和自私自利的不斷漫延，這麼個掌車人便脫化變質、貪污腐敗、脫離群眾。因為他們掌握著特殊的駕車技術或者說是駕車的權力，而最終成了這輛車的實際所有者，再也不管其他人的痛苦和無奈。這就是馬克思主義理論所導致的社會主義實踐，它給人民帶來無數的災難與苦痛。

一輛車可以由人拉，也可以由馬拉，還可以用機械作動力。作為運輸工具，人的作用和馬的作用、機械的作用都是一樣的，但經過馬克思的分析，這區別就大了，因為他發現了剩餘價值僅僅是由拉車的人創造的，變成了馬拉或機械作動力，剩餘價值就沒有源泉了。由此而論，馬克思的剩餘價值理論也許只有在生產力不發達的資本主義初級階段有用，或者說只有在工廠手工業作坊式的生產方式下有效，而到了高度發達的資本主義電氣化、自動化、資訊化的生產方式下就失效了。這是由於馬克思的剩餘價值理論採取的是對人不對事的分析方法造成的。我們今天應該把這個被顛倒的方法再顛倒過來，採取對事不對人的方法進行商品價值分析。

為什麼機械會替代人，首先因為機械的使用可以大大的提高勞動生產力，其次是使用機械就不存在車主對拉車者的剝削和奴役，再其次就是機械比人聽話，人會罷工、造反、要求加工資，而機械設備沒這麼多麻煩。這樣的情況下，資本家通過提高勞動生產率而獲得更多的剩餘價值（利潤）最好的選擇是技術進步，而不是延長勞動時間和增加勞動強度。

從社會發展角度說，永遠是效率優先，馬車比人力車快才用馬車，機械比馬車快才用機械，反過來假如說，人力比馬快，馬比機械快，人力就會代替機械。這樣的現象決不會因為馬克思的剩餘價值理論以及他對資本家的詛咒謾罵而改變。也就是說機器代替人，這是人類社會生產方式發展與進步的必然結果，資本主義制度也是由一定的生產發展階段所決定的生產方式，而不僅僅是一種政治制度形式。這種生產方式是隨著人類的進步而自然產生的，不是哪個階級，也不是哪些歷史精英們所能創造或選擇的。反過來說要改變這種生產方式，或者說要拋棄這種生產方式也不是哪個偉大人物靠某種理論而能辦得到的。人們只能面對機器代替人這一現實，採取一些相應的補救措施，那就是給下崗失業者建立社會保障機制，從而解決這部分人的生存問題，也讓他們靠社保過上體面的生活。這樣這部分人就可以享受著社保而去度假、旅遊，或者繼續學習以提高自己適應新的社會就業要求的能力。當今發達的資本主義社會已經做到了這點，雖然做得還不夠，但是他們還在不斷的繼續完善。

第三章　管理是否是創造價值的勞動

　　簡單協作和勞動組合的優化是最初步的管理優化，也是提高生產力的最簡單的方法和手段，是16--18世紀西歐早期資本主義工業生產組織的基本形式，即工廠手工業。其特點是工人以手工勞動和分工協作為基礎，在手工工廠主雇用下進行生產。馬克思看到的正是這個時期的資本主義生產方式，這種生產方式，管理就是對勞動的監督和指揮，表現出的是管理和勞動的對立，管理者和工人的對立。馬克思在資本論裡闡述的管理是"只要有對立的性質，監督和指揮的勞動，就會有資本對勞動的統治產生，因而這種勞動也就為一切以階級對立為基礎的生產方式和資本主義生產方式所共有。那麼在資本主義制度下，這種勞動也是直接地並且是不可分離地和那種由一切結合的社會勞動交給單個工人作為特殊勞動去完成的生產職能結合在一起的。""即使是資本主義生產本身就已經使那種完全同資本所有權分離的指揮勞動變得比比皆是。從而這種指揮勞動就無須資本家親自擔任，這就好似一個樂隊指揮完全不必就是樂隊的樂器所有者，而如何處理其他演奏者的"工資"問題，當然也就不必是他這個樂隊指揮職能範圍內的事情。合作的工廠就為我們提供了這樣的一個實例，以證明資本家作為生產上的管理人員已經成為多餘的了，就像當資本主義發展到最高階段時，會認為大地主是多餘的一樣。"

這裡可以看出，馬克思認為管理是資本家的職能，隨著資本主義的發展，管理逐漸從資本家的手裡脫離出來，成了專業的職能，即"樂隊指揮"。隨著分工的細化，技術水準的提高，管理逐漸變得越來越專業化，因此"資本家作為生產上的管理人員已經成為多餘的了。也就是資本與管理分離開來，資本家與管理者相分離，這就自然產生了職能管理者。作為管理者的企業經營管理人員與資產所有者脫離開來，從而所有權和經營權相脫離，產生一部分人手裡雖無資本，但有管理能力和管理經驗的經營者經營企業。經營者又指派或聘用各方面的專業管理人員，去從事生產經營方面的監督、指揮、協調等等。現代的酒店管理公司就是典型代表，酒店所有者把酒店建成後，託付給專業的酒店管理公司去管理酒店，從事酒店的經營管理活動，方式可以是承包經營，也可以是利潤分成。

"在工人的合作工廠和資本的股份企業中，商業經理和產業經理的管理工資同企業主收入都是分開的，在其他場合偶然出現的管理工資同企業收入的分離的情形，在這裡則是經常的現象。在合作工廠中，監督勞動的那種對立性質消失了，因為經理是由工人支付報酬的，他不再代表資本而同工人相對立。"

這裡馬克思顯然把經理看成了和工人一樣的勞動者。因為工廠是大家的或股份制的，管理者——經理，不是代表資本家管理工廠，而是代表全體股東管理工廠。"一般來說，與信用事業一起發展起來的股份企業也有一種趨勢，就是使這種管理勞動成為一種職能而同自有資本或借入資本的所有權逐漸相分離。這完全象隨著資產階級社會的發展，司法職能和行政職能同土地所有權相分離一樣。而在封建時代，這些職能都是土地所有權的一種屬性。一方面，由於執行職能的資本家同資本的單純的所有者，即貨幣資本家相對立，並且隨著信用的發展，這種貨幣資本本身也取得了一種社會性質，即它們不斷集中於銀行，並且是由銀行貸出而不再是由它的直接所有者貸出；另一方面，又因為那些不能夠在任何名義下，即不能用信貸方式也不能用其他方式佔有資本的單純的經理，執行著一切本來應該由執行職能的資本家自己擔任的現實職能，所以最終留下來的只有管理人員，資本家則作為多餘的人從生產過程中消失。"按照馬克思這段話的闡述，反過來說如果資本家沒有從生產過程中消失，他還親自管理他的工廠，那他就是管理者。這就是管理的職能，管理層、經營層可以和所有者相脫離，因此所有權和經營權相脫離，從而就產生了手中無資本，但有管理能力和管理經驗的經營者經營企業，經營者又指派或聘用各方面的管理人員從事各專業管理工作。同時，這些手裡無資本，但有管理能力和管理經驗的企業經理人也可以用貸款的方式向銀行借錢辦企業，即俗話說的"借雞生蛋"。在受聘于資本所有者對資本家的企業進行管理時，這些人就不是資本家，而是勞動者。反過來說，如果這個管理與經營工作由資本家自己親自做，那麼資本家也就是勞動者了。同樣的道理，如果這些具有管理能力的人向銀行借錢辦企業，那麼他對自己工廠的管理即可以看作是資本家對工人的管理，同時也可以看作是資本的所有者對自己的資本經營過程的管理。

這種情況下，管理者和經營者都不是資本家，都是勞動者，從這點出發可以說各級管理都是勞動者。但是他們都在履行企業的各個層面的監督、指揮等管理活動，他們都不是從事生產作業的工人，他們不是工廠車間裡的工人，也不是賓館飯店的服務員，而是凌駕於這些具體的勞動者之上，對他們行使監督指揮或統治作用的管理者。從這點出發，他們代表的是資本的職能，行使的是資本家的權力。按照馬克思的觀點，他們與工人之間的關係就是資本對勞動的統治關係，或者說是資本對勞動的奴役。"凡是在直接生產過程中具有某種社會結合過程的形態，而不是表現為獨立生產者的孤立勞動的地方，都將必然產生監督勞動和勞動指揮"。"一方面，凡是需要有許多人進行協作的勞動，那麼其過程的聯繫和統一都必然要表現在一個指揮的意志上，表現為在各種與局部勞動無關但又與工廠全部活動有關的職能上，這種情形就象一個樂隊要有一個指揮一樣"。馬克思的這句話，說明管理具有自然屬性，有分工就要有協作，有協作就必然有監督和指揮。這個監督和指揮者無論是資本家，或者是資本家聘用或委託的管理者，其實都在行使監督指揮的管理職能。這樣的生產方式決定必須有這個"樂隊指揮"，否則生產便不能有序進行。

"凡是建立在作為直接生產者的勞動者和生產資料所有者之間的對立上的生產活動，都必須會產生這種監督勞動。並且這種對立越嚴重，這種監督勞動所起的作用也就越大。因此，在奴隸制度下，它所起的作用達到了最大限度。"馬克思這裡說的顯然是管理的社會屬性，也就是說這種監督勞動是建立在階級對立上的，是建立在作為直接生產者的勞動者和生產資料所有者之間的對立上的，他代表的是一種階級對立和階級統治的關係，也就是生產資料所有者對直接生產勞動者的統治和奴役。因此馬克思進一步闡述這種對立關係："這種情況完全同在專制國家中一樣，在那裡，政府的監督勞動和全面干涉主要包括兩個方面：（1）執行由一切社會的性質產生的各種公共事務的職能，同時又包括（2）政府同人民大眾相對立而產生的各種特殊職能"。

　　這裡可以看出，馬克思進一步把政府作為一個管理社會的機構，行使對社會的管理。作為管理政府的管理者——各級官僚，就是既對各種公共事務行使管理職能——自然屬性進行管理，同時又行使政府對人民大眾相對立而產生的各種特殊職能（社會屬性方面的管理職能），也就是統治者階級對人民大眾的奴役和統治。這裡可以看出馬克思對管理的分析具有二重性，既包括管理、監督、指揮的自然屬性職能，也包括管理者對勞動者的奴役和統治的社會屬性職能。前者是自然屬性的職能，後者是社會屬性的職能。

　　按照這個管理二重性的基本原理去分析，企業的管理者（通常包括總經理、副總經理、各職能部門的負責人，產供銷各專業的管理人員以及直接指揮工人幹活的工頭）也具有二重性：一方面作為資本家的代表，是代替資本家對企業行使管理職能的管理者，或者換句話說是代表生產資料所有者對勞動者進行監督指揮，對人進行獎罰的統治者，是資本家的幫兇。另一方面他們也是被資本家聘用或委託，對企業的生產經營進行有序的管理（包括監督、指揮、協調），他們憑藉自己的專業知識和各方面的專長和技能成為企業的總經理或某方面的專業管理人員。從這點上說他們又是勞動者。既然作為專業從事管理的人員是勞動者，那麼如果這個專業管理不是由專業管理人員來完成而是由資本家自己來完成，那麼這個資本家也就成了勞動者，只不過他是自己為自己勞動而不是為別人勞動罷了。他創造的剩餘價值為自己所有，而不是為別人所有，象農場主自己開機器種地、貨運公司老闆自己開汽車進行長途運輸一樣。對這種現象，我們可以把這樣的老闆不稱為資本家，而把他們叫作個體戶，按照這種階級劃分方法，資本家和個體戶的區別僅僅在於是否雇用工人，他雇用工人他就會從工人的勞動中榨取剩餘價值，因此就有剝削，他不雇用工人，他就沒有剝削。這個問題的根源還是在於馬克思剩餘價值論的理論誤區。因為剩餘價值產生的源泉僅僅是工人的勞動，除掉工人的勞動以外，其他所有生產要素包括：資金、技術、設備、設施、管理等等都不會產生剩餘價值。所以當企業不雇用工人時，企業就沒有剩餘價值，在商品的總價值c+v+m=w的公式中，沒有v就沒有m，資本家獲得再多的利潤也沒有剩餘價值，資本家賺的僅僅是作為生產資料的價值形式轉移到新的商品價值中去後的多出部分。顯然，這多出c的部分是資本家自己勞動所產生的剩餘價值。馬克思不把資本家的管理作為勞動看待，那麼資本家的管理勞動，就不創造價值和剩餘價值，這樣的話他的商品的價值表現形式就是w=c，顯然這個結論是荒謬的，也是不符合實際的。事實上資本家就是不雇用工人，他的商品的價值形式也和雇用工人一樣，其價值形式為：c+v+m=w，只不過這個v是他本人的工資，是自己為自己發工資或者是維持他的生存條件的基本費用，而m是他自己為自己創造的剩餘價值，即除掉工資外的剩餘勞動部分，以便他用這一部分進行必要的個人消費或擴大再生產。只有這樣理解剩餘價值與商品價值的關係，才符合商品生產的實際，而不能將剩餘價值僅僅理解為是工人創造的，從而簡單的說，沒有工人勞動，商品就沒有剩餘價值。

由此我們又可以得出一個結論，即管理也是一種勞動，管理勞動雖然在形式上不同於直接從事生產的工人的勞動，但實質上管理類的勞動也需要在產品的價值中得到補償，而且造就一個管理者比造就一個普通勞動者的費用往往要高得多，同時維持一個管理者存在的基本費用也比維持一個簡單作業崗位上的工人要高得多，因此管理人員的工資也往往數倍于一個普通工人。這樣的數倍于工人的管理人員的工資來源於那裡呢？要麼作為工資v，在成本中列支，要麼從剩餘價值（利潤）中列支。在會計核算體系中，沒有一個資本家會把管理人員的工資作為剩餘價值的一部分從利潤中支出，而都是把管理人員的工資作為工資支出。對這一點來說，社會主義國家的國有企業也一樣，國有企業的管理人員的工資也是作為工資v進行會計核算，而不是從剩餘價值m中支出。當然在經營權與所有權脫離的股份制企業，則另當別論。

按照c+v+m=w的價值形式公式，管理人員的工資和生產工人的工資一起共同構成工資支出，按照馬克思的理論體系，這工資就是v，如果說m是v創造的，那麼剩餘價值應該是由生產工人和管理者共同創造的，也就是說生產工人和管理者共同創造了價值和剩餘價值，因為他們都是勞動者，只不過他們參與勞動的方式不同而已。而如果把資本家本人也看作一個最大的、最高級的管理者，那麼資本家的管理勞動同樣也參與了價值和剩餘價值的創造，或是說資本家的管理勞動也創造價值和剩餘價值。這樣進一步引申一下，作為一個國家的總統和元首，他也應該是一個國家的管理者，因為他的有效管理使得社會有序而穩定，同時使社會進步，國家繁榮昌盛。反過來說如果他的管理無效，這個國家就落後、衰敗或出現混亂。這個總統或元首是不直接參與商品生產過程的具體勞動和管理勞動的，但商品生產的企業和參與商品生產的有關人員都需要國家的保護和社會的有序而穩定，否則生產將無法正常進行。然而國家機器掌握在國家領導人手裡，國家機器和掌握國家機器的領導人對他的臣民又有統治的作用。從國家對人的奴役和統治角度出發應該消滅國家，這是以巴枯寧為代表的無政府主義者的思想。但從國家維護社會的正常有序運行，以及對社會事業的管理角度出發，國家的存在是合理的而且是必要的。正因為如此，馬克思才反對巴枯寧的無政府主義。馬克思主張建立一個沒有統治和奴役的國家，或者說要消滅少數人統治多數人的國家，而建立一個沒有階級統治的國家。這一思想的根源正是來源於他的管理二重性的理論思想。這種思想只可惜在社會主義國家的歷史實踐中全被歪曲、背離和異化了，而在發達的資本主義國家正在以和平過渡的方式逐漸變為現實。

簡單的協作和工序的優化，這是初期的管理組織形式，就這個簡單的管理組織形式已經大大的提高了勞動生產力。因為勞動生產力的提高，在單位時間內創造了更多的商品。例如：原來某商品的價值形式是$80c+10v+10m=100w$，而通過加強管理，改進生產工藝流程在同樣的時間內提高工效0.5倍，也就是原來生產1件商品的時間現在可以生產1.5件。同樣的情況在商業流通領域和運輸業等表現的最為明顯，即通過加強管理，縮短工作流程，從而提高功效，加速資本周轉。如果商品的市場價格等於價值，原來一件產品，100w的價值能賣100元的市場價格，現在就是1.5件商品，如果商品不降價，就可以賣出150元的市場價格。這多出的50元按照馬克思的商品價值理論可有兩種理解，第一可理解為，這150元所代表的勞動時間仍然是100w，因為勞動生產力的提高，這多出的50元只是商品的市場價格或交換價格，不是商品的價值，商品的價值仍然是原來的形式，這就必然形成商品的價格與價值的背離，這種背離最終會被利潤的平均化而平均掉。因此由於勞動生產力的提高，工作效率的提高，單位時間內創造了更多的商品的使用價值，這時體現在單件商品中的勞動時間比以前更少了，比如原來8小時生產一件商品，價值100w，而現在8小時生產1.5件產品，原來一件產品的必要勞動時間8小時，現在只要5小時多點的時間了。原來8小時的勞動量，可以生產價值100w的商品，現在8小時的勞動量生產了1.5件產品，這1.5件產品只是在使用價值上比原來多了0.5倍，而它的勞動量還是8小時，所以1.5件產品的價值還是100w。原來一件商品市場交換價格100元，現在一件商品還是賣100元的市場價格，那麼原來100w的產品價值，市場交換價格是100元，現在100w的產品價值代表了1.5件產品，可以賣出150元的市場交換價格，其價值和價格之間出現了0.5倍的背離。這就自然得出或者證明，單位產品的價值量反而隨生產力的提高而降低，也就是商品的價值與勞動生產力成反比的結論（關於這點的分析，前面已經說得很多了，在這裡就不再贅述了）。

　　那麼，現在就讓我們對這一現象再作另一種理解，即把管理作為一種勞動，把由於管理的改進，管理水準的提高而付諸了更多的管理勞動，從而提高了勞動生產力。這種勞動生產力的提高，不是因為別的，僅僅是因為作為管理的勞動量的增加，假如按上述的例子，商品原來的價值是：80c+10v+10m=100w，現在追加了管理性的勞動，或者簡單的看作增加了管理人員的工資，從而提高了勞動生產率（每天生產1.5件產品，可以賣150），如果剩餘價值的比率還是100%，那麼現在價值形式就應該是80c+（10v工＋25v管）+35m=150w，這就是現在的一天的勞動成果所體現的價值形式。這樣的情況下，如果商品能按其價值賣出，商品的價格和價值就是一致的，也就是說商品的價值並沒有因為勞動生產力的提高而降低。它體現的是管理創造價值，也創造了更多的剩餘價值，這是從增量上看。如果從另一方面看，因為管理的改進、管理水準的提高，而降低了原材料和其他方面的消耗，那麼如果工資不變，其節約的成本則直接的就變成了剩餘價值m，這時的剩餘價值的增值也與工人的勞動沒有任何關係。關於這方面的分析，在上面的文字裡也說到了，在這裡也不再多說了。

　　這一結果體現的是，資本家增加了25v的管理人員的工資投入，作為投資回報，他得到了25m的剩餘價值，收入與投入都提高了。原來商品的價值形式80c+10v+10m=100w，剩餘價值率10m/10v=100%，現在35m/35v=100%，而利潤率的水準由 $\frac{10m}{80c+10v}=\frac{1}{9}$ 提到 $\frac{35m}{880c+35v}=\frac{7}{23}$，這樣作為資本家來說他比投入機器和設備來提高勞動生產力更合算，因為他的投入產出比高。所以改進管理為資本家帶來的效益比其他任何投入所得來的效益都更大。因此資本家總是樂此不疲，從被稱為"科學管理之父"的弗雷德里克‧泰羅到後來的品質管制大師約瑟夫‧米蘭，戰略管理專家伊戈爾‧安索夫，營銷管理專家希歐多爾‧萊維特，人力資源管理專家來曼‧波特等等。可以說現當代的企業管理專家如群星閃耀，層出不窮，一個個管理專家和學者相繼出現，從而帶來資本主義經濟的飛速發展和技術革命，因此管理帶來資本主義生產方式的一次次巨變，由此管理作為一種科學技術被廣泛應用於資本主義的企業裡。這種管理革命不僅僅給資本家帶來了利益，也同樣給工人帶來了利益。管理成了提高勞動生產力的重要方法和手段，因此資本家最大限度獲取剩餘價值的方法再也不是延長工人勞動時間或增加工人的勞動強度了。在此基礎上就算他把剩餘價值率降低，把商品的價值形式由80c+35v+35m=150w調整為80c+40v+30m=150w，也就是他把因管理改進，勞動生產力提高而多得的25個m，拿出5增加到管理人員或工人的工資上，資本家比以前還多賺了20m的剩餘價值。剩餘價值絕對量增加了20m，而剩餘價值率由100%降低到30m/40v=3/4，即75%，利潤率則由$\frac{10m}{80c+10v}=\frac{1}{9}$提高到$\frac{30m}{80c+40v}=\frac{1}{4}$。剝削率大大降低了，利潤率則大大提高了，剩餘價值率降低了，剩餘價值的絕對量則提高了。這是資本家和工人以及管理人員都樂意接受的現實，於是皆大歡喜，這也更符合資本主義發展的實際情況以及人類進步的普遍要求。

在馬克思的商品價值體系中，是不包含管理的因素的，c+v+m=w，其商品價值形式所涵的對應關係是c代表生產資料，v代表工人工資，m代表剩餘價值，管理的職能和作用在這一價值形式中一點沒有體現，也就是說按照馬克思的商品價值理論分析，管理僅僅是對勞動的監督和指揮，這一職能無論是由資本家自己來完成，還是由其委託的專業管理者來完成，都只是生產資料的所有者對勞動者——無產階級的奴役和統治，這種奴役和統治既不創造價值也不創造剩餘價值，體現的僅僅是資本家對工人的奴役、統治和剝削的生產關係。隨著資本主義的發展，社會化分工越來越細，專業化分工和協作表現得越來越廣泛，管理職能和作用越來越突出，管理逐漸成為專業的管理團隊的職能，不再僅僅是資本家的職能。管理的方法和手段表現得越來越文明進步，真正成了樂隊的指揮，而不再是生產資料所有者對勞動者的統治、奴役和剝削。在現實生活中，小的企業資本家本人既是指揮員又是戰鬥員，一個人帶幾個雇工既當操作者又當管理者，集生產勞動者與經營管理者的職能於一身。上規模的大企業，則經營權與所有權分離，資本家可以脫離具體的生產經營管理而作為投資者股東而享受企業的業績分紅。這樣的情況下，從事生產勞動的普通工人也可以成為企業的股東而享受到股權分紅。大部分企業的資本家都是自己掌握經營決策權，而把生產經營各方面的具體管理職能交給聘請的或雇用的專業管理人員去管理。這些管理人員一方面作為管理者，代表資本家或其雇主行使對企業的生產經營的管理職能，因此同時也就行使對生產工人的勞動監督指揮、償罰予奪的獎懲職能。而另一方面，作為被聘用拿工資的管理者，他們也是受資本家的雇用，代替其雇主履行各自的管理職權，他們的報酬也是以工資的形式體現。因此按照馬克思的商品價值體系，他們的工資也是v的一部分，由此可以把他們理解為勞動者，即便是16-18世紀的工廠，車間的主任、班長、工頭等等也是受雇于老闆的，替資本家行使管理職能，這些工頭也就是當時的企業管理者。

馬克思在資本論中並沒有對這部分人的地位進行具體分析，因為管理的二重性，馬克思有時把他們作為樂隊的指揮，即生產經營中必不可少的監督指揮者，也就是自然屬性的管理者，有時又把他們當作資本家的幫兇，體現的是生產資料所有者對勞動者的統治和奴役。然而不管怎麼說，馬克思的商品價值中沒有這部分人的管理勞動，說明馬克思把這部分人看作和資本家一樣的剝削者或食利者，或者說是非生產人員。馬克思的商品價值體系根本沒辦法解決管理人員的職能和作用，他的管理二重性的思想於是就脫離了他的商品價值體系而存在，其管理者的報酬不知是應該放在v中，還是應該放在m中。

專業管理者的出現帶來的另一種情況，就是經營權和所有權分離，其方式可以是承包經營，也可以是利潤分成，不管是哪種方式，作為投資者的資本家，已經不再參與企業的管理和經營，因此他得到的分紅就只能理解為是剩餘價值m的一部分。因為這時的資本家已經脫離了勞動，他既不參與生產活動，也不參與經營管理活動，他的利潤分紅就相當於利息和地租一樣，是他的投資收益。假如是利潤分成方式，他把企業委託給職業經理經營或是委託給一個企業管理公司經營，分紅的比例如果是稅後利潤的五五分成，即價值形式：$80c+10v+10m=100w$，這其中的10m就有企業所有者——資本家5m，職業經理或者企業管理公司5m，而這10v中就應該有職業經理或者說企業管理者的工資支出（當然這個企業管理者，既可以是一個人也可以是若干人組成的一個組織）。由此說來，企業管理者無論是由什麼人來擔任，他們都要付諸勞動，因此就應該得到工資報酬，而他們的勞動儘管不是車間、班組的生產線上的操作者，但他們是整個企業的運營者，他們的勞動以工資作為報酬，因此這部分工資也必須加到產品的價值中。所以他們的勞動就是產品價值的一部分，除此之外，他們的勞動也有剩餘，這部分勞動剩餘就是剩餘價值的一部分。至此我們便可以得出結論，管理是勞動，而且是更高級的勞動，它既創造產品的價值，也創造剩餘價值，還可能比工人的勞動能夠創造出更多的剩餘價值。

"特別是現代企業制度產生，催生了股份公司的成立，並由此達到：（1）生產規模與以前比驚人地擴大了，因此個別資本不可能建立的企業就隨之出現了。同時，那些以前由政府經營的企業成了公司的企業。（2）那種以生產資料和勞動力的社會集中為前提的並且它本身也是建立在社會生產方式的基礎上的資本，在這裡就直接取得了社會資本的形式，從而與私人資本對立，並且它的企業此時也表現為社會企業，而與私人企業相對立。（3）實際執行職能的資本家轉化為單純的職業經理人，即其他人的資本的管理人，而資本的所有者則轉化為純粹的所有者，即單純的貨幣資本家。在股份公司內，這種職能已經同資本所有權相分離，因而勞動也就隨之完全同生產資料的所有權和剩餘勞動的所有權相分離。這個資本主義極度發展的結果，是資本再轉化為生產者的財產時所必須的過渡點，不過這種財產已經不再是各個相互分離的生產者的私有財產，而是在此基礎上聯合起來的全部生產者的財產，即直接的社會財產。"

　　這裡馬克思顯然把職業經理人當作勞動者，資本的所有權和經營權的分離，也就是說企業管理者是商品生產組織指揮者，他們同工人一樣，也是商品的價值和剩餘價值的創造者，作為管理人員，他的勞動是比工人更高級的勞動，因此在商品的價值和剩餘價值的創造中比工人的貢獻還要大。反過來說馬克思在這裡已經忘掉了他的"工人的勞動"是創造剩餘價值的唯一源泉這一思想基礎。然而馬克思在資本論中並沒有明確告訴我們這一點，因此對於職業經理人的勞動報酬還可以理解為是從生產資料所有者即產業資本家的剩餘價值中的扣除，也就是從m中扣除。這樣堅持了馬克思的剩餘價值理論，但卻否定了職業經理人的勞動，從而違背了勞動價值論。或者把職業經理人看作勞動者，堅持勞動價值論，那麼剩餘價值就不僅僅是工人的勞動創造的，作為企業管理者的職業經理人也創造了價值和剩餘價值，或者是把職業經理看作資本所有者的代表，他的勞動是不創造價值和剩餘價值的。這樣不把他們的勞動當作勞動來看待，也就違背了勞動價值論，這二者必居其一。這是馬克思剩餘價值論和勞動價值論之間的自身矛盾，二者不可並立。

　　以上我們對勞動創造價值的研究還僅僅停留在物質產品生產這個層面上（關於和物質產品生產有直接聯繫的商品流通領域和金融、服務等領域的分析暫時留在後面進行）。儘管物質產品的生產活動是人類最基本的活動，也是最主要的活動，但隨著人類文明進步，人們的物質生活滿足之後便產生了對精神生活的追求，因此就出現了精神產品的創造者，或把這部分人稱為人類靈魂的工程師。這些精神產品通常表現為書法、繪畫、雕刻和詩歌、音樂、舞蹈等文化藝術作品，另外還有教師和醫生這樣的特殊行業，他們都不是一般物質的商品生產製造者。按照馬克思的剩餘價值理論，教師和醫生也都既不創造價值，也不創造剩餘價值，那麼他們的勞動就是不創造價值的勞動。學校和醫院、書畫院、歌舞劇院、報社、出版社等等，所有這些非直接生產商品的組織都不是生產組織，因此這些行業的勞動者的勞動既不創造價值也不創造剩餘價值。管理它們的或者說監督指揮這些地方的勞動者的不是產業資本家，而是學校的校長、醫院的院長，歌舞劇團、文工團的團長等等。而且這些組織的勞動者都有自己特殊的技能，因此他們的勞動也就更具個性化的色彩，相對於工廠流水線上的工人來說，他們的勞動更具創造性。現在的問題是：第一，這些不直接從事商品生產的勞動者的勞動是否創造價值和剩餘價值？按照勞動價值論，勞動產生商品、商品具有價值和使用價值，商品之間通過交換實現價值。一本書、一幅畫放在作家和畫家自己的書房裡供自己或朋友閱讀或欣賞，不成為商品，但一旦它去銷售，這本書或這幅畫就成了商品，一本書通過出版商出版並公開發行，這個商品生產過程，除了作者的勞動之外，還有出版商和印刷廠的工人和管理人員的勞動，所有這些勞動創造的價值也應該包括v和m兩部分，即勞動者的勞動報酬和除了勞動報酬之外的剩餘價值。作為出版商和印刷廠的老闆，他們除了支付作者的稿費，還要支付員工的工資，另外還有廠房、辦公樓、機械設備、基礎設施等大量的投入，所有這些固定資產投入，生產資料投入，員工工資的支出，就構成他的產品的成本。在成本之外作為出版商或印刷廠的老闆，他還應該獲得自己的利潤，這利潤就是他的投資回報。按照馬克思的平均利潤率思想，一方面他們通過商品交易行為，參與社會平均利潤率的形成，同時他們通過自己的商品生產和交易也應該獲得社會平均利潤支配下形成的自己的商業利潤。

這樣如果承認作家的勞動產品"一本書"通過出版商出版發行等一系列活動是商品生產活動，那麼這本書就應該和其他商品一樣，一方面具有價值和使用價值，另一方面通過交換，以市場價格的形式實現其價值。如果是這樣，這本書（或者說這幅畫）的價值形式就應該和其它商品一樣，其公式表現為$c+v+m=w$，其中c是出版商的生產資料的投入，v是作者的稿費支出，以及出版過程中員工工資的支付，m應該是出版商的利潤，這就不免引出下一個問題：

第二，就是作為剩餘價值m，它來源於哪裡？按照馬克思的理論，工人的勞動是剩餘價值的唯一源泉。這樣我們一方面可以把它理解為是這本書的作者和出版這本書時投入的員工勞動，這些勞動加起來共同創造這本書的價值和剩餘價值。另一方面還可以理解為它是產業工人創造的，因為按照馬克思的剩餘價值理論，我們自然就把這本書的價值和剩餘價值作為產業資本家剩餘價值的扣除或讓渡。這第二種理解顯然是有違事實和常理的，當然是不能被人接受的，不然的話，別說出版商和為此書出版發行付出勞動的其他勞動者，就連這本書的作者也成了瓜分產業工人剩餘價值的食利者。不能採取這第二種理解，就只有採取第一種理解，按照第一種理解，自然會認為，為這本書付出了勞動的所有勞動者為這本書創造了價值和剩餘價值。那麼這些勞動者包括管理人員嗎？按馬克思的觀點不應包括管理人員，然而實際上這些管理人員的勞動是不可忽視的，這點在上面的論述裡說得也夠多了，再說也嫌多餘。這些管理人員和出版社、印發廠的工人，作品的作者等人員一起共同創了這本書的價值和剩餘價值。按照馬克思的剩餘價值理論，這本書由作家寫出來了，它的價值和剩餘價值的生產也就完成了，出版發行只是個交換過程並不創造價值，因此也就不會創造剩餘價值。不僅出版商的生產資料投入要轉入書稿的價值中，就連出版社和印刷工的工人和管理人員的勞動報酬也應一起轉入書稿價值中，所以不光是出版商，就是出版社的工作人員和印刷廠的工人，也是剩餘價值的無償佔有者，這樣的結論顯然是十分荒謬的。全面而公允地對此問題的評價應該是：管理、技術、資金、勞動等各種生產要素共同創造了商品的價值和剩餘價值。作者把這書賣給出版商也可以理解為是一種技術轉讓行為，這技術是作者發明的專利，他把專利的所有權一次性賣給了出版商，出版商就獲得了這個專利的所有權——即版權。當然你也可以把作者的書稿理解為一件產品，作者把書稿賣給出版商，就是把這件產品賣給了出版商，當然這個產品還不是可以公開發行的產品，即還不是一件可供消費者直接消費的產品，它就象一塊還沒經過打磨加工的玉石，把這塊玉石變成玉器，還要經過一系列勞動的追加，而只有變成了玉器它才能作為商品去進行交易。

　　出版商把書稿買來後，對他自己來說，這僅僅是一件半成品，要把書稿變成書，就象要把玉石變成玉器一樣，還要經過一系列的追加勞動和生產資料（比如紙張和印刷機器）的投入，所有這些投入，當然要從商品的價值中得到補償，所以所有這些投入就形成了對這本書稿的原始價值的追加，而不應該是對原始價值中剩餘價值的扣除。比如說書稿分攤到每本書的價值是5元／本，將來印成書，成本再加5元，這本書的總成本就應該是10元，假如這10元的構成是：作者的稿費5元，出版這本書投入的生產資料2元，員工工資3元。對出版商來說他的成本就是5元加2元等於7元，這7元是他的前期投入，按照馬克思的商品價值公式，可以把這些作為c部分，而他支付給工人和管理人員的工資就可以作為v部分，這樣v就是3元。這樣的情況下這本書的總成本就是7元加3元等10元。如果他要獲得5%的社會平均利潤（我們假設社會的平均利潤率是5%），那麼現在的價值形式就是7c+3v+0.5m=10.5元。而我們按照馬克思一慣的思維方式去思維，先不去考慮平均利潤率，只是假定按100%的剩餘價值率來計算這本書的價值，那麼這本書的價值就是7c+3v+3m=13元。這樣：出版商的利潤就是$\frac{3m}{7c+3v}=\frac{1}{10}$，即30%，而剩餘價值則是100%。這樣他的利潤率就遠遠高於社會平均利潤的水準。問題是這一切都還是預期的設想，在沒有把書賣出之前，還沒成為現實。

這本書出版發行後實際能賣多少錢一本，預先沒法知道，雖然出版商可以根據自己的經驗利用成本加利潤的定價方法，把出版這本書的投入，加上他的商業利潤作為圖書訂價列印在書的封面或封底上，但這本書能否按定價賣出去，還是個未知數。如果暢銷，他們還可以進行第二次、第三次印刷，以攤薄他的成本投入。如果他的書上架後無人問津，那麼他可能連投資都收不回來。這個風險由誰承擔？顯然是出版商。作者的稿費已經支付，員工的工資也已經支付，為書的出版所耗損的原材料和設備折舊都已經發生。如果虧損，這損失只能是出版商承擔，如果說利潤都是工人創造的，他把剩餘價值m部分全部還給工人，那麼虧損的風險誰來承擔，讓工人去承擔嗎？那是不可能的。一方面工人的工資已經支付過了，工資裡並不包括生產經營虧損的風險金，另一方面工人也承擔不起這個投資的風險。現在我們要讓出版商承擔投資虧損的風險，而又不讓他獲得合理的利潤，這顯然也是不公平的。如果是只有風險，沒有預期收益的投資，這樣的傻事誰也不會去幹。而馬克思的剩餘價值理論，僅僅考慮了資本家或投資者獲取利潤或剩餘價值的一面，而沒有考慮到他有可能投資虧損，企業破產，跳樓自殺的另一面。這就是只看到豬吃食而沒看到豬被宰。馬克思的辯證唯物主義告訴我們，看問題要一分為二，不知為什麼在他的資本論裡對工人和資本家的分析就沒有一分為二，他只看到了工人與資本家相對立的一面，而沒有看到工人和資本家相統一的一面，也就是說他的經濟學違背了他的哲學。

再如前面說到的，一件玉石加工成玉器，除了要追加勞動投入以外，還有對原材料的損耗，並且在加工過程中，還可能把這塊玉石損壞，從而變得一錢不值，這樣的情況下，玉器老闆也只得承擔虧損的風險。從整個資本家階級來說，投資肯定有錢賺，但每次賺錢的背後也都存在經營虧損的風險，只不過這種虧損的概率往往小於盈利的概率而已。正因為如此，才有社會的擴大再生產，從而才有整個社會的經濟發展和進步。

　　綜上所述可以看出，社會分工是複雜的，商品的形式也是多樣的，因此生產商品時付出的勞動形式也是多種多樣的，社會各行業、各階層的各類人員的勞動方式也是紛繁多樣的，僅僅把產業工人的勞動當作創造價值的勞動，從而僅僅把產業工人的勞動作為剩餘價值的唯一源泉，這是不全面的，也是有悖客觀事實的，因此也是不科學的。按照馬克思的剩餘價值理論去分析，馬克思本人終生也沒有參與商品生產領域裡的勞動，因此他也是靠產業工人的剩餘價值養活的，那麼他也就是剝削者或者說食利者。違背客觀事實的理論，必然誤導人們的社會實踐，由此產生一系列的惡果，最終這種理論也必然被人們所拋棄。

第四章　商業流通是否也創造價值

　　一、商業資本家流通資本，專門從事商品買賣業務，商業利潤是從商品流通中即商業資本家從經營商品的買賣中獲得。資本運動形式G……W……G′，商業資本家的生產表現形式就是轉運、貯存和銷售。連續不斷再生產，資本家將資本分為（1）貨幣資本——現金和銀行存款——以供隨時購買生產資料和勞動力。（2）生產資本——存貨（半成品、原材料）和付過工資的勞動力。（3）商業資本——進入流通領域的產品，貨已交給經銷商，但錢沒收回來，財務表現為應收賬款。資本的投入而獲得利潤可以視為資本家預付價值的價值增值，通過無故障的生產和賣的再流通才能實現。如果生產過程和賣的再流通過程任何一個環節發生故障，產生阻滯，這個預付價值的價值增值就沒法實現。由此造成的結果是資本家受損失，直至倒閉破產，而工人的工資已經支付，工人不承擔企業虧損，就是工廠倒閉，給工人帶來的只是失業，換個地方去工作，資本家卻承擔生產過程和流通過程的全部風險。

　　產業資本家把他預付在生產資料和勞動力的資本轉化為產品，使之變成待售商品，如果這些商品堆積在倉庫裡沒有賣出去，那麼在此期間不僅他的資本價值增值過程會停滯，他為保管這些產品而追加的儲備支出也會形成直接的損失。一般情況下，儲備費用主要包含如下：（1）產品總量上的數量減少（自然損失、貨損、貨差），（2）產品變質，（3）儲備保管所需的物化勞動和活勞動。

「商業資本運動的直接目的是追求利潤，商業資本從墊支一定量貨幣開始，以增值的貨幣結束，商品買賣只表現為商業資本獲利的媒介和手段。因此對整個社會而言商品變貴但卻不追加商品任何使用價值的費用，是生產過程的非生產費用。另一方面，既然把這些費用追加到商品價格中去的這種加價，只是在資本家之間均衡的分配這些費用，所以這些費用的非生產性質也不會因此而消失。」

「商業資本家必須預付一定數量的貨幣，專門進行商品的買賣，並通過經營商品而實現增值，獲得商業利潤，如果只有流通當事人而沒有他們獨立的投資及其增值，則活動在流通領域始終是生產資本的職能形態，而不是獨立的商業資本。」

以上是馬克思關於商業資本流通所作出的價值分析。馬克思在資本論中闡述的商業資本的作用，一是由於分工的形成，專門用於買賣的資本，比之產業資本家必須親自從事他的企業的全部商業活動時所需的資本要小，即節約了資本的占用量，使得等量的資本可以進行更多的生產和經營，從而提高利潤。二是因為商人現在專門從事這種業務，所以生產者不僅可以較早地把他的商品轉化為貨幣，而且商品資本本身在完成其形態變化時，也會比它處在生產者手中的時候更快，也就是加快了資本周轉，從而提高資本的利用效率。其三，就全部商人資本同產業資本家關係來看。商人資本的每一次周轉不僅可以代表一個生產部門許多資本的周轉，而且還可以代表不同生產部門若干資本的周轉。也就是加速了資本主義社會的整體資本周轉。

以上就是馬克思對商業資本的認識，他認為商業資本的作用僅僅表現為生產者與消費者之間的仲介，並且加速了資本的周轉速度，提高了資本的利用效率。馬克思認為商人資本不外乎是在流通領域內執行職能的資本，雖然流通過程是總再生產過程的一個階段，但是在流通過程中，並不產生任何價值，因而也就不能產生任何剩餘價值。在這個過程中，只是同一個價值量在形式上發生變化。事實上不過是商品的形態發生了變化，這種變化形態本身同價值創造或價值變化不存在任何關係。如果生產的商品在出售中實現了剩餘價值，那也只是因為剩餘價值在此之前已經存在於該商品中⋯⋯既然這種形態變化要花費流通時間，而在這個時間內資本根本不生產東西，因而也就不能生產剩餘價值，因此我們可以說，商人資本既不創造價值，也不創造剩餘價值。

一般的規律是這樣的："一切只是由於商品形式的轉化而產生的流通費用，都不會把價值追加在商品上，這種費用僅僅是實現或價值由一種形式轉變為另一種形式所花費用。投在這種費用上的資本屬於資本主義生產過程中的非生產費用，這種費用必須從剩餘產品中得到補償。"

通過這段話可以看出，馬克思說得非常明白，商品的買賣僅僅是商品形態的變化，G⋯⋯W⋯⋯G和W⋯⋯G⋯⋯W的形式轉換。這一過程無論是簡單的還是複雜的，無論發生在商品生產地還是發生在幾千里之外的他鄉或是出口海外，這一買賣過程都不產生價值，也不產生剩餘價值，花費在商品流通過程中的有關費用，只有在產品的生產時所產生的剩餘價值中得到補償，也就是說商品流通過程中的所有費用都要從生產它時的產品的剩餘價值中扣除。用馬克思的商品價值公式來表達c+v+m=w，這個m不僅僅是產業資本家的剩餘價值，它還應該包括商品在銷售過程中的貯存、保管、運輸等所花費用的物化勞動和活勞動以及商業利潤。

　　馬克思還進一步分析：「商業資本的周轉速度不影響商品資本所有的利潤總量，但商業資本的周轉速度對商業加價有影響。加快周轉速度可使商品價格下降，以銷售更多商品獲得超額利潤。」

　　「……不言而喻，對商人資本而言，平均利潤其實是個一定的量，商人資本並沒有直接參與創造價值或剩餘價值，它只是按照自己在總資本中所占比例，從產業資本生產利潤中取得應得的一部分。」

　　今天看來馬克思對商業資本的認識是有問題的，他認為商業資本的作用僅僅是：1、實現價值和剩餘價值，而不會創造價值和剩餘價值。2、縮短流通時間，從而提高產業資本家的生產效率，同時也就提高了整個社會的資本利用效率。3、促進產業資本積累。4、它僅僅只是生產者和消費者之間的仲介和橋樑。

　　這樣一來，商業資本家好像是為了給產業資本家幫忙才出現的，作為商業資本家，好像是產業資本家的侍女或僕役。實際上自從有了商品經濟就有商業資本，商品經濟的特點是社會物質的商品化，生產產品的目的不是為自己享用，而是把它作為商品進行交換，這就自然會形成發達的商業和極度繁榮的商品交換。商業資本家和產業資本家好比一對孿生子，同時產生同時生長發育、成熟壯大。產業資本家生產的目的自然只是為了賣出商品換貨幣回來（當然是比買時出現增量的貨幣），商業資本就是必不可少的角色。從商業資本在資本主義整個生產過程所起的作用來說，馬克思已經說得很充分了。

"如果商人資本沒有超過他的必要比例，那就必須承認如下幾點：1、由於分工的形成專門用於買賣的資本家比之產業資本家必須親自從事他的企業的全部商業活動時所需的資本要小。2、因為商人在專門從事這種業務，所以生產者不僅可以較早地把他的商品轉化為貨幣，而且商品資本本身在完成其形態變化時也會比他處在生產者手中的時候更快。3、就全部商人資本同產業資本關係來看，商人資本的每一次周轉不僅可以代表一個生產部門許多資本的周轉，而且還可以代表不同生產部門若干資本的周轉。"

從資本主義商品生產的發展實際情況來看，產業資本家一般不會直接將商品賣給消費者，尤其是紛繁雜亂的生活資料，因為零散、緩慢，並且還需要追加可變資本和不變資本的投入。對於商業活動追加的投入，既包括雇傭工人、店員的工資，馬克思把它作為可變資本v，我們暫且把它作為活勞動，也包括倉儲、保管、運輸、搬運、裝卸等生產資料的投入，馬克思把它作為不變資本c，我們暫且把它看作物化勞動。這些為了實現商品的價值和使用價值而追加的投入，馬克思在其商品的價值公式中作了回避，他僅僅把商業活動看作仲介，作為仲介既不創造價值，也不創造剩餘價值。而商業活動中，商業資本家投入的可變資本和不變資本怎麼得到補償呢？那只有一個答案，從產業資本家的利潤中扣除，或者說是產業資本家拿出一部分利潤（也就是剩餘價值的一部分）讓渡給商業資本家，從而替他完成商品的交換。產業資本家為了加速資本周轉，提高資本的利用效率，也甘願拿出一部分利潤讓渡給商業資本家。這樣就自然得出結論：1、商品的價值和剩餘價值是生產領域創造的，商品流通作為仲介既不創造價值也不創造剩餘價值；2、商品流通領域追加在商品上的生產資料和雇用工人的投入，不是追加在已有的商品價值之上，而是從已有商品的價值中進行倒扣。比如：一件商品生產時的價值形式為：80c+10c+10m=100w，而要把這件商品賣出去，還要追加40c，5v，5m，共50個價值量，這樣商品的價值在完成交換時其價值形式就變成（80生產＋40流通）c=120C，（10生產＋5流通）v=15v，（10生產＋5流通）m=15m。

　　如果用追加法計算，其價值形式為：120c+15v+15m=150w，商品的價值在生產領域完成之後其價值是100w，而在流通領域完成後就變成了150w，這多出的50w，包括商業資本家不變資本的投入40c和可變資本投入的5v以及商業剩餘價值5m。（這裡仍沿用馬克思的可變資本和不變資本的概念，其實應該用物化勞動和活勞動的概念更確切。好歹無論用什麼概念，並不影響我們對商業勞動的分析）從利潤角度分析，產業資本家投入80c+10v=90而得到剩餘價值10m，利潤率10m/90=1/9，商業資本家投入40c+5v=45，而得到剩餘價值5m，利潤率也是5/45=1/9，利潤是一樣的，並且剩餘價值率也都是100%，各自得到了自己的投資回報，也拿到了社會的平均利潤1/9（我們暫且這麼假定社會平均利潤率為1/9）。而按照馬克思的生產價值論，要用扣除法來計算商品的價值，原來商品的價值80c+10v+10m=100w，現在因為商業追加了商業的投入和商業利潤，40c+5v+5m=50w，這50w，必須從原來的100w中扣除，這樣的結果就是，產業資本家生產的商品的剩餘價值量m值必須大於商業資本家追加的投入和合理利潤。顯然在我們的上面例子中，這種生產和交換的方式是沒法進行的，因為產業資本家的10m不夠商業資本家投資加利潤總和50w的扣除。除非極個別情況下，產業資本家為了處理積壓的產品，不惜血本虧損賣給商業資本家。正常情況下，產業資本家的剩餘價值必須大於商業資本家的成本加利潤。因此馬克思的這種倒算帳的方法，僅僅可以作為理論進行分析，從實際生活中是沒法進行預計和測算的。按照馬克思的觀點，這個商品在生產時產業資本家就要考慮加入商業資本的投入和商業利潤來計算他的商品的價值，即：120c+15v+15m=150w，而賣給商業資本家時，其價值再退回到80c+10v+10m=100w，也就是說：這件商品生產時消耗了150w的必要勞動，其中100w是產業資本家投入（包括c+v）和取得的剩餘價值m，而50w則是商業資本家投入（包括c+v）和取得的剩餘價值m的預留。這就是說在商品的價值計算中，在商品的生產過程就得把流通過程的費用加進去。儘管這個流通費用還沒實際發生，發生多少還不知道，就預先把它的流通費用加到這件商品生產時的價值中去。如果該商品賣到甲地加50，那麼賣到乙地可能發生費用只有30，而賣到丙地的商業流通費用（這裡包括成本和利潤）可能要發生80。這樣的情況下，商人把商品賣到甲地得到的是他的合理的利潤，賣到乙地就就多賺了20的超額利潤，賣到丙地他就虧了30。因此在這種情況下商人就只願意把商品賣到乙地，而不願把它賣到丙地，因為前者可以獲得20的超額利潤，而後者卻要虧30。很顯然，馬克思這種本末倒置的扣除法是不符合商品流通實際的價值規律的，按照扣除法也是沒法計算商業的投入和利潤的。

而如果改用追加法，這帳就非常好算，且清楚明白，按照上面的例子分析，某商品在生產時的價值表現形式是80c+10v+10m=100w，而在流通時追加成為120c+15v+15m=150w，其中，生產資料的投入120，有產業資本家80，商業資本家40；工人工資投入15，有產業資本家10，商業資本家5；剩餘價值15m中，有產業資本家10m，商業資本家5m。這樣的分析與計算簡單易行，清楚明瞭，在現實生活中隨時隨處都可以分析和應用。

馬克思的價值理論是價值決定價格，價格圍繞價值而上下浮動，價格高於或低於價值的原因是供大於求價格就低，求大於供價格就高。這麼說來，如果某種商品售賣價格偏離於商品價值，其原因就是供求關係影響，而不是由於商品的異地銷售、長途運輸、商業交換過程的成本追加造成的。因此就不能用價格偏離價值而存在這一現象來解釋某商品由商業資本家在甲地賣150，在乙地賣120，在丙在賣180，而在原產地賣並且由產業資本家自己賣就可以賣100這種事實。儘管100、120、150、180都是商品的實際價值，在交換過程中都是價格按照價值賣出，但是同樣一件商品的價格在不同的銷售地區，由於商品交換過程中增加的費用不同而存在很大的差異。這種差異並沒有考慮個別資本家的超額利潤，僅僅是他們各自應該得到的社會平均利潤。

二、"商業資本家在從事商品銷售時，先預付一筆資本向產業資本家購買商品，產業資本家以低於生產價格的價格把商品賣給商業資本家，商業資本家按商品生產價格再把商品賣給消費者，從購銷價格的差額中實現商業利潤。"

按照馬克思的以上這一說法，這個商品的生產價格就已經包括了商業投入和商業利潤，這個生產價格怎麼計算的呢？拿我們上面的例子來說，這個商品的生產價格是100、120、150、還是180？顯然同一件商品，生產價格不能有2樣，但是進入市場以後價格就變成了3樣或者5樣，這是產業資本家能預先測算到的嗎？既然測算不到，那麼他用什麼樣的價格作為生產價格，並以此生產價格為標準低於這個生產價格把商品賣給商業資本家呢。這個問題看來就只能讓上帝來回答了。

馬克思在資本論裡給出的生產價格計算方法是生產成本加社會平均利潤，而社會平均利潤是商品生產和商品流通參與的各方競爭後的結果，因此這個社會平均利潤在商品生產時就是個未知數。

下面看看馬克思是怎麼解決這一問題的，馬克思認為商業資本家的利潤不是對產業資本家的商品價值的追加而是對產業資本家的商品價值的扣除。例如：產業資本家原來的商品價值形式720c+180v+180m=1080w，總資本720+180=900，利潤率180m/900=20%。剩餘價值率180m/180v=100%，現在商業資本家來了，他追加了100的商業資本投入，因此也要享受社會平均利潤，這時商品價值的公式就變成720c+180v+162m=1062，產業資本家讓渡了18m給商業資本家，出售商品價值就是1080w-18=1062w，這1062就是產業資本家的生產價格，也就是說產業資本家要按照1062的生產價格把商品賣給商業資本家。或者從全部商品資本來看，按商品的價值出售商品，沒有按高於商品價值或高於商品的生產價格出售商品。這是因為商業資本家是以低於商品的價值或低於商品的生產價格從產業資本家那裡購買商品。這裡從價值的角度看，存在一個漏洞，即商業資本家投入100商業資本沒有得到補償，1080w除去18的商業利潤，還應該再扣除100的商業投入，假如商業資本家投入的這100，資本有機構成比例同產業資本家相同，也就是82c+18v，這樣總資本由過去的720c+180v=900，變成(720+82)c+(180+18)v=1000，這裡商業資本家在參與總資本投入時假設的是100，得到了平均利潤18%，本來產業資本家的利潤是20%，由於總資本由900，增加到了1000，產業資本家的利潤由20%降低到了18%。在馬克思看來，產業資本家原來的商品價值形式720c+180v+180m=1080w，利潤率20%，而商業資本家來了以後，追加了100的商業資本投入，就把總資本900增加到1000，而剩餘價值還是180m，原來的利潤180m/900(c+v)=20%，現在的利潤180m/1000(c+v)=18%。因為商業資本家參與了商品的交換，增加了100的投入，因此平均利潤率由20%降到了18%，也就是說因為商業資本家的參與，利潤降了2%。按照馬克思的說法，這2%就是產業資本家向商業資本家的利潤讓渡，或者說是商業資本家和產業資本家共同瓜分了剩餘價值，從而就降低了產業資本家的剩餘價值。而這增加的100作為商業投入，多少作為生產資料，多少作為勞動力購買就不在考察範圍了。如果按照和產業資本家的價值構成一樣的資本構成形式：其價值應該是82c+18v+18m=118w，他投入了100，賺了18%，正是這一行為他把產業資本家的利潤也拉下來了，產業資本家原來的利潤180m/900(c+v)=20%，現在的利潤180m/1000(c+v)=18%。因此產業資本家的利潤也由20%降到了18%。

　　商業資本家他追加了100投入，社會平均利潤就變180/1000。這追加後的資本構成按照馬克思的例子，應該是82c+18v=100，而這樣倒過來說同一個商品在產業資本家的手中價值1062w，而到了商業資本家手中才變成1080，這樣的分析，商業資本家的利潤18%保住了，但是他的投入100卻沒得到相應的補償。馬克思把這一問題簡單化看作為，這100在產業資本家生產商品時就包含進去了，原來是720c+180v+180m=1080，按照追加法計算，商業資本家來了之後，價值就變成(720+82)c+(180+18)v+(162+18)m=1180，1180-1080=100，馬克思認為這多出的100不應該是1080+100的結果，反而應該是在產業資本家計算生產價格時就應該核算好了1180-100=1080。商業資本家再從1080中扣除自己的商業利潤18，從產業資本家那裡用1062的價格把商品買過來。這樣的計算實在讓人沒法捉摸，玄妙至極。

　　三、按照馬克思的分析，商業勞動既然不創造價值也不創造剩餘價值，那麼商業勞動就是個無用功的勞動，是對產業勞動的有功補償式的勞動。這就自然得出結論，商業資本家和產業資本家一起榨取產業工人的剩餘價值，不僅如此，連商業流通領域的雇傭勞動者也是食利者，因為他們的勞動既不創造價值也不創造剩餘價值。按照這一理論分析問題，就是對勞動價值論進行了歪曲和否定。產業工人的勞動創造價值和剩餘價值，商業勞動就不創造價值和剩餘價值。勞動價值論的精髓是勞動創造價值，而不應因為勞動所處的不同勞動場合而有區別，如果一定要把產業勞動和商業勞動作一區分，那僅僅是產業勞動製造價值，商業勞動實現價值，從而進一步可以說，如果價值不能實現，其價值本身也就沒有了價值。

馬克思之所以認為商品流通既不創造價值也不創造剩餘價值，就是因為他把商品的流通和交換僅僅看作一個簡單的仲介，諸如：商品流通的集散作用、化整為零、聚零為整的作用、調劑餘缺的作用、調配資源地的限制最大限度的充分有效的利用資源的作用等等，所有這些馬克思都沒有看到，也沒有想到。馬克思對商業資本的理解概括為"商品經營資本──如果撇開各種各樣可能有關的職能不談，如：保管、運輸、分類、散裝等，只說它的這種真正的為賣而買的職能──既不能創造價值也不能創造剩餘價值，他只能對它的實現起仲介作用，因而同時也就對商品的實際交換，對社會的物質變換起一種仲介的作用。"這裡一個"撇開各種各樣可能與此有關的職能不談"就把商業資本在流通領域的投入，既包括生產資料投入（倉儲、設施和裝卸運輸設備等物化勞動），也包括雇傭工人和管理人員的投入一筆給抹殺了。很遺憾我們不清楚馬克思當時是怎麼想的，他明明知道商業流通要追加活勞動和物化勞動的投入，而不去進一步分析商業投入對商品價值和剩餘價值的影響，堅持認為商業勞動不創造價值和剩餘價值。商業資本家只是從產業資本家碗裡分一杯羹，這就自然使人產生一種錯覺：重生產，輕流通；重產業，輕商業。

顯然馬克思是從概念出發，不是從實際出發去客觀的分析商品流通和商業勞動，由此造成錯誤的結論。這一理論對後來的社會主義實踐者列寧、史達林、毛澤東等人都有重要的影響，致使在他們創造的社會主義國家中根本不重視商業的流通和商業勞動。把商業流通作為投機倒把進行打擊，由此造成很惡劣的後果，這是有目共睹的事實。

"資本在流通時間內沒有執行生產資本的職能，因此既不生產商品，也不生產剩餘價值，剩餘價值來源於生產過程，流通過程因不生產商品所以不生產剩餘價值。"這是馬克思的商品價值理論狹隘之處。

流通過程雖然不生產商品，但它實現從產品到商品的轉換，賣不出的商品不是商品只是產品，產品的價值要靠商品的價值來實現。對資本家來說就是產品的剩餘價值要靠商品的剩餘價值來實現。而這個實現過程中，必須追加生產資料和勞動力的投入——即商業投入。商業投入產生商業利潤，商業利潤來源於商業的剩餘價值。按我們上面所舉的例子，產品的價值應該是$80c+10v+10m=100w$，而商品的價值形式則是$120c+15v+15m=150w$，這多出來的$50w$就是商業活動追加的價值$40c+5v$和商業利潤或稱為商業資本家的剩餘價值$5m$。這$50w$中既有$40c$的生產資料投入，也有$5v$的勞動力投入，還有$5m$商業利潤。

當把產業資本家和商業資本家看作一個人的時候，正如馬克思所說，生產過程和流通過程只是資本運動的兩個階段，是價值運動的兩種形式，但如果把產業資本家和商業資本家看作兩個人的時候，情況就大不一樣了。產業資本家只要把商品賣給商業資本家，他的目的就已經實現了。因為他可以用賣出的貨幣再去購買生產資料和勞動力，從而去進行新一輪的資本循環。而商業資本家要把商品賣給消費者才能實現他的目的。商品本身壽命的長短決定了它作為商品流通時間的長短，對商品進行保鮮加工，會擴大商品空間流通領域，從而導致生產的增加，這就自然增加了商品的價值和剩餘價值。長途運輸也是為了更快更好的把商品賣出去，因此資本主義的生產方式決定：時間就是金錢，無論是產業資本家還是商業資本家都要儘快完成G—w，或w—G的轉化。商品的生產時間由產業資本家決定，商品的流通時間則由商業資本家決定，從價值角度看商品的生產就是資本的生產，商品的流通就是資本的流通。馬克思始終把商業資本家和產業資本家看成一個人，商品生產和商品流通是一個人的2份工作。而實際上，他們各自有自己的利益，不可能作為一個人而存在，他們在整個資本主義生產鏈條中各自代表不同的角色，各幹各的事，各賺各的錢。

　　四、下面我們就來具體分析一下商業活動的作用。

　　其一：仲介作用，生產者倉庫裡有什麼或者說生產了什麼，消費者不知道，反過來說消費者需要什麼，生產者也不清楚，或者說不十分清楚，或者說不能及時快速的相互瞭解對方的需求。商品經濟是以交換為目的，要把產品賣出去，並且賣個好價錢，就得不斷瞭解消費者的需求，並最大限度的不斷地去滿足這些需求。需求的來源取自何處，商人就是橋樑和紐帶，通過商人，生產者可以最快、最準確的瞭解市場情況，這就是資訊作用於市場。資訊瞬息萬變，及時獲得商品生產和交換所需的資訊對資本家來說是相當重要的。一個商品專賣店老闆，由於長期售賣一種商品，商人非常熟悉自己的商品，對其市場情況的瞭解，對流

通渠道的有力掌握，都能有效地縮短商品的流通時間，比產業
資本家更快地完成商品的形態變化，有利於增加用於生產過程的
資本。

　　其二：是商業的集散作用，即化整為零或集零為整的作用。
比如把農戶手裡的零散的商品——家畜、家禽、奶類、蛋類等收
集起來賣給屠宰場或罐頭廠，這樣商業資本家要投入大量的人工
成本，和包裝、運輸、貯存等生產資料的投入。反過來說，商業
資本家可以從日用化工廠批量購買牙刷、牙膏、毛巾、肥皂等日
用品放在商店裡，一件件再零售給消費者。這一方面使一種商品
或者一類商品可以面對眾多消費者，從而大大降低這個商品生產
者逐一將自己的產品賣給不同消費者的流通成本，也減少了商品
生產者的許多因交換而產生的諸多麻煩，使他的生產更專業化，
資本周轉進度也大大提高。另一方面可以達到，一個消費者花同
一個時間，在同一地點面對多家的商品可供選購。因此消費者不
要為買牙膏、肥皂、鞋帽、服裝等分別去找這些廠家，節省了消
費者的時間和採購成本。因此，僅從理論上說，作為消費者也甘
願從這一節約下來的採購費用中，讓渡一部分費用給商業資本
家，當然這裡的消費者不僅有資本家也有工人階級。由此可以說
商業資本家不光是為產業資本家服務，也為廣大消費者服務，這
廣大的消費者中既有資本家階級，也有工人階級。因此從這點出
發，一定要說商業利潤來源於對產品價值的扣除和讓渡，他的利
潤就該來源於產業資本家的讓渡和消費者的讓渡這兩個方面，也
就是我們常常看到的，商業資本家一方面要從生產者手裡賤買，
另方面還要往消費者手裡貴賣，他就是從這一買一賣，一賤一貴

中得到他的商業利潤。而不能像馬克思所理解的僅僅從生產者那裡以低於生產價格的價格拿來，或者說是從產業資本家手裡的商品價值讓渡出來的一部分作為他的商業利潤。如果既考慮從產業資本家的利潤中扣除，又考慮從消費者的採購成本中扣除，即用這種兩點扣除法去分析商品的價值形式，那將更加玄妙，更難分析，也更不容易為人們所接受。但是如果按照馬克思的扣除理論，商業利潤就應該從生產者和消費者兩方面去作扣除。因為商業不僅給生產者帶來方便和利益，也為消費者帶來方便和利益，他一方面為產業資本家服務，另一方面也為消費者服務。

　　其三：是調劑餘缺。某種產品處在某地多餘，而在另一地卻出現短缺，在某一個時間段內多餘，而在另一個時間段內缺少。以多餘濟不足，或以豐補欠，這就要商業資本參與流通或貯存。特別是有時限限制的商品，在要求的時間內賣不出去就會變質損壞，從而失去其價值。這就必須做到，要麼儘快把商品賣出去，以實現商品的價值，要麼把商品低溫保存，改變存貯條件，以延長商品的壽命，這對海鮮、農產來說是很常見的。例如肉、蛋、禽類的冷藏貯存就要設立專門的冷庫，以便保持其品質。如葡萄酒的窖藏也是如此，不但需要興建大的酒窖，用好的木桶封存，還要投入人力維護這些為保存或提高商品使用價值而產生的保管費。這無疑會增加商品的價值，保存年代越久的酒，價格就越高，或者經濟價值越高。還有冷藏保質，遠洋運輸等等，都無疑會增加商品流通費用的投入。這些費用無疑就是商品價值的追加，而馬克思則認為，由於商品價值的單純形式變換以及從觀念上來考察的流通產生的流通費用，不增加商品價值，從資本家的角度來考察耗費在這種費用上的資本部分，只能是對耗費在生產資本上的一部分扣除。這些費用追加到商品價格中時，各個資本家會按其比例來分擔這些費用，這就增加了商品的貯存加工或運輸成本，在這個過程中必定要發生裝卸、運輸費用和貯存保管費用，這裡有直接勞動（工人和管理人員的工資支出），也有間接的勞動支出（倉庫、冷暖設備和基礎設施的投入）。這些勞動都應該作為必要勞動追加到商品的價值中去，既然有必要勞動投入，就應該在流通領域重新計算商品的價值，而不應該是馬克思那種玄妙的扣除。另外還有計賬和算帳用的薄記費用，即用在商品流通環節的管理費用，這一切費用都要追加在商品的價值中。大型超市豐富的商品儲存，必然花費貯存費用，運輸作為一種追加的生產過程，耗費在運輸業上的資本價值也會轉移到所運輸的商品中，商品的價值因為運費的增加而提高。這種費用的多少是沒辦法在商品生產時預先考慮在產業資本家生產商品時的價值中的，只能作為流通過程的勞動（也就是價值追加），將有關費用追加到商品價值中。

其四：是調配資源地域的限制，以便物盡其用。比如南方的香蕉，北方的紅棗，這二者要進行及時有效的交換，使北方人在本地能吃到時令的香蕉，南方人能吃到時令的紅棗，這就要商業資本進行商業流通。這種流通既可以在國內進行，也可以漂洋過海進行國際貿易。這樣就必然產生商業流通成本和費用，比如某商品在其產地的價值形式為80c+10v+10m=100w，而賣到另一地去變成了150或者200，某種商品生產時的價值是100w，如果價格等於價值，賣出去就應該是100元，反過來說某商品賣到A地為

150w，賣到B地是180w，在原產地是100w。按照馬克思的倒扣理論，這個商品的價值本來就應該是180w，賣到B地實現了全部價值180w，而賣到A地實現了部分價值150w，而在本地出售只實現100w，這中間的差額原產地和B地之間差80。按照扣除理論，要麼本地產業資本家巨額虧損，要麼B地商業資本家超額獲利，這二者必居其一。而按照馬克思利潤平均化的理論，等量投入獲得等量利潤，產業資本家生產某商品時的利潤是$\frac{10m}{80c+10v}=\frac{1}{9}$，而商業資本家在B地賣出商品的價值是180w，它的剩餘價值絕對值如果是5m，如果剩餘價值率和產業資本家生產商品時一樣，它的價值形式就是150c+15v+15m=180w，（80生產＋70流通）c+（10生產+5流通）v+（10生產+5流通）m。這樣他投入75c得到5的利潤，利潤率就是5/75=1/15，顯然要比產業資本家1/9利潤要低，這樣就違背了利潤平均化的規律。如果讓商業資本家實現1/9的利潤，他的投入就是40c+5v+5m=50w，利潤$=\frac{5m}{40c+5v}=\frac{1}{9}$。這樣該商品的最終價值形式就是120c+15v +15m=150w，也就是商業資本家只有把某產品賣到A地才能實現產業資本家的等額利潤率。在等額剩餘價值率條件下，這樣用扣除法根本就沒法計算這個商品的生產價值究竟是多少。

　　面對這一現象，按照馬克思的理論，還可以有另一種理解，商品的價值本來就只值100w，賣到A地150，賣到B地180，是價格變動，不是價值變動。這個價格變動顯然已遠遠脫離了價值的制約。這又違背了馬克思的"價格隨價值變化而變"的理論。因為這裡的價格是隨銷往地變化而變化，而不是隨價值變化而變化。如果價格等於價值，那麼作為賣到A地的商品原價值就是100-50=50，而賣到B地的同樣一件商品生產時的價值就是100-80=20，在本地比A地便宜50，本地比B地便宜80，A地比B地便宜30。在馬克思看來這不是因為原產地的流通費用比A、B兩地低，而是因為生產該件商品時，如果銷往A地或者銷往B地，其價值就該比在本地少，這顯然是荒謬的。

這顯然是對勞動價值理論的極大歪曲，按馬克思的理論去分析商業勞動及其價值形成過程，很難自圓其說。

下面再看看運輸業，運輸的特徵表現為生產過程在流通過程內的繼續，運輸業作為一種追加的生產過程，耗費在運輸業上的資本價值會轉移到所運的商品中去，怎麼轉移呢？馬克思沒作說明，但按他的基本思想去分析，只能和商業買賣所產生的費用一樣，從產品生產時所形成的價值中扣除，或者直接說是從產業資本家的商品生產中的剩餘價值中扣除。這顯然也沒把運輸業的勞動追加作為勞動來看待，這樣的價值理論也是違背事實的。

例如鐵路運輸，由普通列車改成高鐵運營，假如原來的單位產品的價值形式為：$80c+10v+10m=100w$，現在同樣的時間，效率提高一倍，也就是原來運一趟的時間，現在可以運兩趟，原來一天運500人／公里，現在一天運1000人／公里，或噸／公里，原來的運費價值100w，現在的價值就是200w，假如為此鐵路公司投入設備和技術改造的價值分攤到具體的單位運輸成本中是40，並且人員工資還是那麼多。現在的單位產品運價的價值形式就是（80+40）$c+10v+70m=200w$，顯然剩餘價值由過去的10m變成了70m。如果從這70m中再拿出20m去增加工人工資，其價值形式就是$120c+30v+50m=200w$。

　　這由於增加了運輸能力而追加的生產資料投入40c和增加工資增加的20v，必須在產品成本的價值中得到補償。從哪裡去補償，按照馬克思的觀點，就只有從該產品在生產時的原剩餘價值，即產業資本家的剩餘價值10m中去扣除。這樣要麼產業資本家面臨巨大虧損，要麼商品按其追加後的價值進行銷售，使價格與價值出現嚴重背離。這二者必居其一，而無論哪種情況，都與事實相脫離，都不符合資本主義商品生產的實際價值形成規律。

　　五、綜上所述可以看出：商業勞動是商品的使用價值和價值得到實現的必備條件，或是說商業勞動可以使商品更快捷、更節約、更有利的實現價值和使用價值。商品流通過程伴隨著物化勞動與活勞動的投入，這種投入的費用必須追加到商品的價值中去。因為這些勞動也是必要勞動，生產的結束只完成了使用價值的生產，沒有完成使用價值的實現。而作為使用價值實現過程的商業活動，因為存在必要勞動量的追加，所以應該有價值的追加。因為這一過程伴隨勞動力的投入和生產資料的投入，必然也應該產生價值和剩餘價值。只有這麼理解才能堅持勞動價值論；只有這麼理解，商業勞動者才不是產業資本家的幫兇，商業店員才不是幫助資本家去榨取產業工人剩餘勞動的食利者；只有這麼理解，商品的價值形式才不是一個玄妙、深奧、高深莫測的理論分析工具；由此才可以清楚明白的進行商品的價值計算；也只有這麼理解，才符合資本主義生產和流通的實際價值形成過程。

　　按照馬克思的扣除理論，商業自始至終就沒有必要勞動投入，就是有投入也被視作非生產性的投入，既不創造價值也不創造剩餘價值的投入。倉儲運輸、工人工資等等都是從產業資本家生產產品時的生產價格中的扣除，這就必然得出以下謬誤結論：

（1）商業工人吃的是產業工人的剩餘價值，從而商業工人和商業資本家一起去瓜分產業工人的剩餘價值。（2）商業資本不是生產資本，因此不創造價值和剩餘價值，只有產業資本創造價值和剩餘價值。（3）商業利潤來源於產業利潤的瓜分和利潤平均化。（4）商業勞動不是必要勞動，因為勞動創造價值，反過來說不創造價值的勞動就不是社會必要勞動，這違背了勞動價值論的基本原理。（5）商業投入的物化勞動和勞動力，都不作為必要勞動量看待，必然引起對商業勞動及對商人的歧視。

為了克服馬克思對商業資本家理解的偏見和誤區，關於商品的價值行成過程，我們可以把它分為兩個階段：

第一階段：商品生產階段，這個階段以產業資本家為代表，生產了商品的使用價值，沿用馬克思的價值公式，其價值形式是 $c+v+m=w$。

第二階段：商品流通階段，這個階段以商業資本家為代表，實現了商品的使用價值，其價值形式是 $C1+V1+M1=W1$。

這樣兩個階段的價值量相加，就是商品的價值總量：$(C+C1)+(V+V1)+(M+M1)=(W+W1)$。商業資本家以W的價值量從產業資本家手裡買來而以W+W1的價值量賣給消費者，從而得到他應得的利潤。當然他也可以應用各種商業手段以大於W+W1的價格賣出他的商品，那樣他就獲得了大於商品價值的超額利潤。這是另一個範疇的問題，馬克思對此已經做了說明，這裡不再贅述。

　　產業資本家為生產商品而儲備的原材料、半成品、成品計算在產品生產過程中的W……G……P……W中，這裡為生產費用，可以作為生產成本放在商品生產時的價值計算之中，因此作為商品的社會必要勞動計算在商品的價值中。商業資本家為實現商品的使用價值從事的轉運、貯存、銷售等環節的費用，從社會角度說它是非生產費，但從商業資本家來說則是生產費用。同樣的道理，商業資本家為實現商品的使用價值而從事的轉運、貯存、銷售等環節的費用也應該作為社會必要勞動來看待，因此也應該用追加法將其有關的費用計算在商品的價值之中。

▌ 第五章　關於利息

　　貨幣資本家在把借貸資本的使用權移交給產業資本家的這段時間內，就是把貨幣作為資本的這種特殊的使用價值——生產平均利潤的能力——讓渡給了產業資本家。產業資本家購買貨幣（資金），方式是支付利息。

　　職能資本在循環過程中，經常會游離出大量的暫時閒置的貨幣資本，資本家就把這些資本以償還付息為條件貸出去，供急需貨幣的企業使用，從而轉化為生息資本。起點A將貨幣貸給B（可以擔保，或無擔保），在B手中完成G—W—G運動後，作為G′，即作為G+△G回到A手中，在這裡△G就代表利息。這樣，運動就是下面的形式：G—G—W—G′—G′。

　　生息資本家把貨幣資本貸給職能資本家時，實際上是把貨幣資本當作資本商品轉讓的，生息資本在投入流通時就作為資本，成為資本商品。與普通商品相比，生息資本不是商品所有權的買賣關係，而是貨幣作為資本的使用權出讓的借貸關係。

　　生息資本的使用，使資本所有權與使用權分離。一方面是所有權資本，另一方面是職能資本。生息資本家擁有貨幣的所有權，可以憑藉這種所有權獲得利息。而貨幣到了職能資本家手中，就變成了實際執行資本職能的增值手段，能產生剩餘價值。

產業資本家從貨幣資本家那裡借貸資本而產生了借貸利息之後，資本對剩餘價值的分配就不單是各職能資本之間的分配，而是由產業資本家、商業資本家和貨幣資本家三方共同瓜分。

利息率與利潤率的關係，同商品市場上，商品的價格與商品價值的關係相類似。從利息率由利潤率決定這個角度來源，利息率總是由一般利潤率決定，而不是由從可能性上在某個特殊產業部門內占統治地位的特殊利潤率決定，更不可能由某個資本家在某個特殊營業部門獲得的額外利潤來決定。

因此事實上一般利潤會作為經驗的，既定事實，再表現在平均利息率上，儘管後者並不是前者的純粹的或可靠的表現，企業主借用貨幣資本家的資金，經營所得的平均利潤，扣除利息後的餘額就是他的企業利潤。而貨幣資本家是憑藉他貸出的資本的所有權獲取他應得的利息。

生息資本利息是產業資本家因取得了貸款而付給貨幣資本家的一部分平均利潤，由於利潤本身是剩餘價值的轉化形式，所以利息的本質是剩餘價值的特殊形式。

從以上馬克思在資本論中關於利息的闡述，我們可以將馬克思的利息理論歸納為以下幾點：

1、利息是貨幣資本家把借貸資本，也就是貨幣的使用權轉移給產業資本家。

2、這種轉移，必須具備兩個基本條件，其一是借貸資本的使用價值，也就是A將貨幣貸給B，在B手中完成G—W—G′運動，這個G′即包括本金G，這本金作為借方B來說是他投入的成本，因這個本金不是自有的，是以租用的方式向A借來的，因此用過後要全額歸還。另外第二個條件就是這個G既然是從A手裡借的，那麼通常是有償的，即在規定的時間內除了要還本以外，還要支付利息。因此G'中應包括三部分：（1）是本金，（2）產業資本家，或稱借方B的利潤或剩餘價值。（3）借貸資本家或稱貸方A的利潤或剩餘價值。

3、利息的高低，即利息率取決於社會平均利潤率，也就是說利息率是由一般利潤率決定，而不是由某個特殊產業部門內占統治地位的特殊利潤決定，更不可能由某個資本家在某個特殊營業部門獲得的額外利潤來決定。

4、這個利息來源於何處呢？那就是產業資本家的剩餘價值，也就是產業資本家在商品生產時所產生的剩餘價值。按照商品價值的一般公式c+v+m=w來分析，也就是利息也必須從m中提取，這樣一來，m的內涵就必須包括（1）產業資本家的利潤。（2）商業資本家的利潤。（3）借貸資本家的利潤（利息）。因為在馬克思看來剩餘價值m僅僅是商品生產時產業工人創造的，產業資本家、商業資本家和貨幣資本家三方共同瓜分剩餘價值，也就必然得出結論，產業資本家、商業資本家、貨幣資本家聯合起來一起剝削產業工人的剩餘勞動。

下面我們就這幾點來作些具體分析：

一、貨幣資本家把自己擁有的閒置貨幣借貸給產業資本家或商業資本家，條件是在規定的時間內還本並付利息，這一現象就其實質而言，就相當於產業資本家B向設備租賃公司租賃設備一樣，條件是付租金，租設備和租貨幣這二者的區別僅僅在於設備是有使用年限的，因此從價值角度來考量，設備的租金應該包括設備的折舊和出租方——設備租賃公司的利潤。因為當設備被使用一段時間之後，租賃方還回來的設備已是一台舊設備，其設備自身的價值有一定量的耗損，計算方法就是平均使用年限條件下的設備折舊提取。而貨幣資本，當租用方用過後還給出租方的時候，貨幣的原值沒有減少（當然是在不考慮通貨膨脹的條件下），因此這租用貨幣時所支付的利息就僅僅是貨幣出租方的利潤。儘管如此，產業資本家向貨幣資本家借錢買設備用於生產經營和向設備租賃公司租賃設備進行生產經營，實質上都是一樣的，都要還本並支付利息，只不過表現形式不同而已，借款買設備進行生產經營，需要向貨幣所有者還本並支付利息，而租賃設備進行生產經營需要向租賃公司到期退還設備並按期支付租金。這二者的如何選擇，不是取決於貨幣資本家或設備租賃公司，而是取決於需要貨幣資本或者生產設備的產業資本家。他的選擇顯然是依據他的自身條件以及對未來的預期收益的考慮，也就是利潤最大化，對他來說哪種方式划算就用哪種方式，哪種方式能獲得最大利潤就用哪種方式。

貨幣既然是一種特殊商品，那麼產業資本家租用借貸資本家的貨幣，就要支付租金，這個租金的表現形式就是利息。由此說來利息實際上就是租用貨幣資本的租金。

二、產業資本家向貨幣資本家借用貨幣，條件是到期還本並支付利息，這在商品經濟條件下，也可以看作是一種交易，買賣雙方各取所需，各自為了各自的目的——各自求得各自的利潤。

產業資本家購買貨幣資金，購買的僅僅是貨幣資金的使用價值而並非貨幣本身，貨幣資本家把貨幣賣給產業資本家，賣出的僅僅是貨幣在一定時限內的使用權，並非是貨幣的所有權。因此這種買賣實質上買的是貨幣的創造利潤的職能而已。從這點出發去分析資本家購買工人的勞動，方式是支付工資，支付工人工資和支付銀行利息對資本家來說性質是一樣的，都是支付一定的報酬，從而取得暫時的使用權和支配權，以達到生產目的──獲得剩餘價值或利潤。對於資本家來說，勞動和資本都是生產要素，都要有償使用，資本和勞動二者缺一不可，都是開展生產經營的必備條件，因為資本主義生產的目的是獲取利潤，因此也可以說都是獲得利潤的必備條件。所以如果說剩餘價值僅僅是工人創造的，資本家怎麼也不會承認，如果既不站在工人一邊也不站在資本家一邊，作為一個第三方來看待這個問題，只能說資本和勞動都是生產要素，共同參與商品的價值和剩餘價值的生產，因此也就共同創造了價值和剩餘價值。

如果把貨幣當作商品（其實就是商品），那麼資本家就是以租用的方式向貨幣資本家借用貨幣，其利息就是租金或者說租金就是利息。

資本家購買工人的勞動也是一種租用方式，工人並沒把自己作為商品永久性的（終生）賣給資本家，只是被資本家租用一段時間，時間長短以勞動合同的約定為准，租金就是工資。馬克思在資本論中，沒有把貨幣資本的借與貸當作一種買賣，但是他把工人的勞動的使用當作是資本家對勞動力的買賣。資本家給付工人工資，購買的是勞動力的價值，不是勞動的價值，產業資本家給付貨幣資本家利息購買的也只是貨幣能（貨幣能是貨幣創造利潤的能量或能力），也不是貨幣的價值。這二者的實質是一樣的，但馬克思卻用了兩個標準去對二者的作用進行分析。馬克思把資本家雇用工人當作一種買賣關係，資本家支付工資購買工人的勞動，而產業資本家向貨幣資本家借用貨幣，支付利息，這一行為馬克思把它看作租借，不把它作為買賣。我們現在還是用馬克思的基本觀點來分析貨幣資本和人力資本。只不過用一個標準來分析，在馬克思看來，資本家購買了工人的勞動，支付的工資僅僅是勞動力的價值，而不是勞動的價值，用他的商品價值公式來表達就是：$c+v+m=w$，資本家支付的工資是v，v是勞動力的價值，而得到的卻是勞動的價值，勞動的價值則是$v+m$，也就是除工人工資之外，還有個m量的剩餘價值被資本家無償佔有了。而這m的產生源泉就是工人的勞動，與生產資料（物化的勞動）則一點關係也沒有。如果這個c不是資本家自有，而是向貨幣資本家借來的借貸資本，借用的條件就是要支付利息。這個利息在資本家看來，產生於$G—W—G'$的生產過程，G'當然要大於G，而這多出的部分，除了要支付貨幣資本的利息，還要有自己的利潤，如果只有貨幣資本家的利潤──（利息），而自己沒有利潤，那他自己就是白忙碌了，就沒達到他自己的生產目的，而如果只有自己的利潤，沒有貨幣資本家的利息，他就沒法獲得生產經營的資本金（這資本金既包括生產資料的支付c，也包括工人工資的支付v）。撇開產業資本家自身的利潤不說，他如果借錢經營，他就必須支付利息，正象他如果雇用工人，他就必須支付工資一樣，這是鐵的事實。他無論是向銀行家借錢作為資本使用，還是雇用工人作為勞動力使用，他都得支付報酬，也就是要花費用，這個費用一起將構成他的生產成本，區別僅僅是借款要付利息，雇人要付工資。利息和工資，一者體現的是貨幣使用權的購買，一者體現的是對勞動使用權的購買。這二者買來之後能否人盡其能，物盡其用，就是他的能力了，也就是資源能否被充分有效利用，那要靠他的經營管理活動來實現。從這點說他的能力體現為管理的能力，是比工人的勞動更大的一種能力，因此資本家對企業進行經營管理的勞動是更具創造性和風險性的勞動。

以上是從買賣交易的方式來看待，資本家購買工人的勞動和購買貨幣資本家的貨幣，性質一樣，購買的都是其使用價值，而不是勞動者和貨幣本身，都要同樣支付報酬，前者是工資，後者稱作利息，購買的都是商品在一定時間段內的使用權，不是商品的所有權。

而從租借的角度去分析，這二者的性質也是一樣，資本家租借貨幣，支付的租金形式是利息，而租借勞動，支付的租金則是工資，租借貨幣和租用勞動都是對其使用價值的臨時佔用，通過支付租金獲得貨幣和勞動力這兩個特殊商品的支配和使用權。而租期屆滿必須按期歸還，如果繼續使用，合同可以續簽，租金（在貨幣資本表現為利息，在人力資本表現為工資）另算。在資本家看來，這二者的實質也都是一樣的，都要進行租用活動，都要支付一定的報酬，因此都要花費成本，也都是雙方自願，平等交易，目的只是獲得利潤或剩餘價值，沒有什麼剝削和榨取問題。而在馬克思看來這二者就是根本對立，不可克服的矛盾體。資本是榨取勞動剩餘價值的工具和手段。因為資本作為生產資料僅僅是將價值轉移到所生產的商品中，而勞動才是創造價值和剩餘價值的源泉。同樣如果站在第三方的立場看待，還是那句話，資本和勞動都是生產要素，它們共同構成生產條件，一個是物化勞動，一個是活勞動，一個是過去勞動的積澱，一個是現在或將來勞動的發揮，二者是對立統一體的。就象天地配合，產生風雨雷電各種自然現象，由此孕育萬物一樣，自然天成，不存在主從，也不存在孰輕孰重的問題。上帝也正是這麼看待的，勞動和資本都是上帝的子民，千百年來這二者一直是相互矛盾而存在，相互鬥爭而發展，如果一定要一者消滅另一者，那是非常愚蠢可笑的，也是根本做不到的。

　　三、利息率取決於社會平均利潤率，這裡的含義是貨幣所有者把貨幣資本投入到社會生產的各部門，它會得到利息，這個利息的高低是由社會平均利潤決定的。也就是說貨幣資本家無論把錢貸給產業資本家（包括生產資料的生產者和生活資料的生產者）或是商業資本家，他得到的利息都應該是一樣的，而如果貨幣資本家不是把貨幣貸給產業資本家或商業資本家，而是他直接投向產業和商業，也就相當於產業資本家或商業資本家用自己擁有的貨幣資本進行生產經營，這樣他就要享有產業資本家或商業資本家同樣的待遇，或者說獲得同樣的利潤。這樣一來，假如社會平均利潤是5%，作為貨幣資本家，他把貨幣貸給產業資本家，他可以得到5%的利息，而"借雞生蛋"的產業資本家用這個借來的貨幣資本進行生產經營，他起碼也要得到5%的利潤，二者之和就是10%，也就是說產業資本家如果用自有資本經營企業，要能得到10%的利潤才能享受到社會的平均利潤，低於這個點，他的利潤就低於社會平均水準，高於這個點他就獲得高於社會平均水準的超額利潤。這樣用馬克思的商品價值的一般形式來分析，就會出現以下幾種情況。

　　服務業，或者說勞動密集型企業，資本有機構成低。重工業，或者說資金密集型企業，資本有機構成高。兩大部類之間的價值公式就會出現很大差異，假如我們各選出一個企業，這企業的利潤正好是社會的平均利潤率，也就是投入100（c+v），可以得到10個m，那麼它們的價值形式就會出現以下情況：

（1）80c+20v+10m=110w，這些企業可以是電力、鐵路、鋼鐵等重工業；

（2）20c+80v+10m=110w，這些企業可以是商店、賓館、旅遊等服務業。

這樣的結果是：

（1）類的企業，利潤率$\frac{10m}{80c+20v}\times100\%=10\%$，剩餘價值率10m/20v=50%；

（2）類企業，利潤率$\frac{10m}{20c+80v}\times100\%=10\%$，剩餘價值率=10m/80v=12.5%。

　　這樣的結果顯示，二者的利潤率雖然相同，但是剩餘價值率則有很大差別。按照馬克思的剩餘價值理論，必然得出：在勞動密集型的（2）類企業，資本家對工人的剝削程度遠遠低於資金密集型的（1）類企業。這不是因為經營賓館、飯店、旅遊等服務業的資本家比生產鋼鐵、電力、鐵路等行業的資本家更仁慈，更有良心，而是因為第一部類相對於第二部類的企業用的勞動力要少，而用的資金又多的緣故。對於資本家來說，等量資本獲得等量利潤，投資這兩個行業沒有本質區別。而在馬克思看來，（1）類的企業的資本家比（2）類企業的資本家更殘忍，對工人的剝削和壓榨更嚴重。實際上，在工人看來是天下烏鴉一般黑，到哪裡幹活工資水準都是與自己的技能、體能和勞動的付出直接相聯繫的。同樣一個保安工作，無論是到電廠看大門還是在一個飯店看大門，作為保安，工資水準是差不多的。因此他們感受到的受剝削程度也是差不多的。在飯店看門的保安不會比電廠的保安感到輕鬆，同樣電廠的保安也不會感到比賓館飯店的保安受剝削更重。而用馬克思的剩餘價值理論來分析，這二者的差別就太大了，一者是50%的剝削率，另一者才是12.5%的剝削率。究其原因還是在於馬克思認為工人的勞動是剩餘價值的唯一源泉，而資金、技術、管理等生產要素都與剩餘價值沒關係。

下邊我們假設以上兩個企業資本家都是貸款來進行生產的，而貸款的利息正是平均利息率即5%。

（1）$80c+20v+$（5m產業利潤＋5m利息）$=110w$；

（2）$20c+80v+$（5m產業利潤＋5m利息）$=110w$。

這樣，作為產業資本家，從表面看他得到10%的利潤，而實際上得到的只是5%的社會平均利潤，而另外的5%支付了借款所要支付的利息，也就是貨幣資金的時間價值。反過來說如果他用自有資金進行生產經營，除了5%的利潤之外，另外的5%則可理解為他自己用自己的貨幣資金進行生產經營所應產生的利息。

然而這裡僅僅是把貨幣資本家作為一個個體來看待，他的職能非常簡單，就是自己不從事直接的產業或商業的生產經營，僅僅是把自己擁有的貨幣借給產業或商業資本家進行生息。然而事實上閒置的社會資金作為資本投入產業或商業的生產經營情況往往比馬克思設想的要複雜得多，隨著銀行的出現，信用和虛擬資本便應運而生，這樣就產生了次生貨幣。

　　銀行的功能表現為：（1）銀行是產業資本家的出納；（2）銀行的借貸資本中還包括一部分貨幣資本家的存款；（3）各種只用來逐漸花費的收入也會存入銀行；（4）把錢存在銀行裡生息的不都是資本家，也有自由職業者、工人、退休的人員等等。銀行家就隨之變成了貨幣資本的總管理人，實際上是貨幣這個特殊商品的經營者。由於他們為整個商業界借款，因此他們也就把借入者集中了起來，與所有貸出者相對立。銀行一方面代表貨幣資本的集中，另方面又同時代表借入者的集中。一般地說銀行的利潤在於它們借入時的利息率低於貸出時的利息率，從而形成利息差額，即銀行的利潤。這樣問題就來了，按照馬克思的利潤平均化思想，貨幣資本家借貸給產業資本家或商業資本家貨幣，他就應該得到社會平均利潤，而銀行作為一個最集中和最大的貨幣擁有者，他肯定要通過向產業資本家或商業資本家發放貸款，賺取他應得的利潤，我們暫定為這個利潤率就是社會平均利潤率。按照我們上面的例子，假如它是5%，那麼銀行的利潤是存貸款之間的利息差。這樣真正的貨幣所有者把貨幣放在銀行裡，他就得不到社會平均利潤。這樣按照馬克思的觀點和資本的逐利效能，貨幣資本家就不會把錢存在銀行裡，他可以直接貸給產業資本家或商業資本家，以便獲得大於銀行利息的社會平均利潤。另一方面如果真正的貨幣所有者要獲得社會平均利潤，那麼作為銀行家，這個貨幣資本的總代表就得不到社會平均利潤。因為銀行存款和貸款的利息差的客觀存在，這就產生一個不爭的事實，即：要麼是貨幣所有者得到了社會平均利潤，而銀行資本家得到的是經營貨幣資本的傭金,這個傭金無論多少,必然是小於社會平均利潤。要麼銀行家也作為一個資本家,就象其他商業資本家一樣進行商品的買賣活動,通過他的買賣活動得到社會平均利潤,差別僅僅在於他買賣的是個特殊商品──貨幣。銀行家既然作為一個特殊的商人,他低價買高價賣就是情理之中的事了。這樣他得到了社會平均利潤,在我們上面的例子中是5%,而作為他的賣方,貨幣所有者就不可能獲得5%的平均利潤,這二者是不可並立的一個矛盾現象。按照馬克思的理論,根本沒辦法解決這個矛盾。而作為銀行家的買方,他把貨幣買去,用一段時間後肯定要獲得社會平均利潤,在我們的例子中,產業資本家或商業資本家只有在獲得10%的利潤時,才能得到社會平均利潤5%,因為另5%作為利息支付給借貸給他的貨幣所有者或者是銀行家了。

第四、把銀行家看作一個特殊的商人,他也應該和其他商業資本家一樣,他也要為他的經營支付一定的費用,除了為賣而買的貨幣資金墊付之外,他還有固定資產的投入和人員工資的投入。比如他的辦公大樓及其水電氣等基礎設施的投入,這部分投入必然構成他的成本的一部分,另外為賣而買的貨幣資本墊付,銀行職員的工資等等,都要他墊付大量的貨幣資本。這就引出以下問題(1)銀行的經營活動,參與商品的價值和剩餘價值的生產嗎?按照馬克思的觀點,銀行家的利息和商人的利潤都是來源於產業資本家的利潤扣除,銀行家不參與商品的生產過程,當然就不參與商品的價值和剩餘價值的創造。

(2)銀行作為一個企業,他的生產資料的投入和人員工資支出,將構成他的成本支出,存貸款之間的利息差是他的利潤。

按照馬克思的商品價值的一般形式來分析，他的商品價值形式也是c+v+m=w，只不過他的商品不是一般的商品，而是貨幣。因此，以上價值形式可以轉化為G1代替c，代表生產資料的投入，既包括固定資本的投入，也包括流動資本的投入，G2代替v，代表雇用員工的工資支出，G3代替m，代表利息，即銀行的利潤，也就是存貸款之間的利息差額，把w用G′代替，這個G′就是他單位產品（可以是萬、百萬或者千萬）在單位時間內（可以是年、月、日）的經營結果所表現的貨幣總量，這樣他的商品價值形式就是：G1+G2+G3= G′。如果銀行家也要得到社會平均利潤，按照我們上面的假設是5%，那麼$\frac{G3}{G1+G2} \times 100\% = 5\%$或者直接換成數字：G1＝95，G2＝5，G3＝5，結果就是95G1+5G2+5G3=105 G′，這5個G3是他在一個核算週期內所能獲得的單位產品的存貸款利息差，構成他的利潤，在利潤平均化的條件下，他應該得到5%的平均利潤。

這G2是他付給員工的工資，馬克思把它叫做可變資本，按照馬克思的觀點，那麼這個可變資本就是剩餘價值的源泉，在商品生產領域，這可變資本創造了商品的價值和剩餘價值。現在是在金融領域，在這個領域，員工的勞動還是否是創造價值的勞動？如果他們的勞動不創造價值，那麼他們的勞動報酬就必然要從產業資本家的利潤中扣除，這樣銀行的職員就成了食利者，也就成了資本家的幫兇，和產業資本家、商業資本家、商店店員一起去剝削產業工人的剩餘勞動。也就是說同樣是一個出納員，在商品生產領域他是剩餘價值的創造者，而在金融領域他就是剩餘價值的剝削者，同樣是一個保管員，一者在產業資本家的倉庫裡負責成品的保管，另一者在金融銀行裡負責保管貨幣，前者是剩餘價值的創造者，後者就是剩餘價值的剝削者。這是難以讓人信服的，無論是資本家或是工人都不會這麼看問題。同樣一個搬運工人，一者在工廠裡勞動是搬運貨物，另一者在銀行裡勞動是搬運貨幣，他們的職業並無本質的區別，他們的區別僅僅在於在哪裡幹活，跟誰幹活，如果他在工廠裡幹活，他就是剩餘價值的創造者，如果他在銀行裡幹活他就是剩餘價值的剝削者，他跟產業資本家幹活他就是剩餘價值的創造者，他跟銀行家幹活他就是剩餘價值的剝削者，這實在讓人無法理解。

用這樣的方法去分析商品流通領域的勞動者，也會出現這種被扭曲的現象。這不能不說是馬克思剩餘價值理論的缺陷或狹隘之處。

G3是銀行家的利潤，這個利潤哪裡來的？顯然是他在從事貨幣的買賣中獲取的，具體說來就是他的存款和貸款利息之間的差額，然而這只是事物的表面。關鍵的問題是，按照馬克思的剩餘價值理論去分析，這利潤的來源是哪裡？回答是，它是對產業資本家的利潤扣除。如果按照銀行家的觀點，這是他的投資回報，他投入了G1加G2，也就是他投入了成本，他的成本既有流動資本的墊付，也有固定資產的投入，另外還不可避免的要雇用員工，為此他要支付工資。在此基礎上，通過他的苦心經營，他才得到他的利潤G3。就銀行家自己的核算體系來說：他的成本加上利潤作為他的經營結果，在一定時間段內將會收回投資並賺取預期的利潤，這是他的投資預期。如果達到了預期的收益他會繼續幹下去，如果達不到預期收益他會關門或轉行，將資金投向別處。他的利潤G3來源何處？那應該是兩個方面，一方面是貨幣所有者依低於社會平均利潤的利率存入銀行，假如社會平均利潤率是5%，貨幣所有者的利息要低於5%，那可以是4%、3%等。而銀行家貸給產業資本家或商業資本家時，他的利率就會大於5%，如果銀行以3%的利息把貨幣所有者的貨幣存入銀行，那麼他貸出去的利息就要8%，他才能得到5%的社會平均利潤。這樣的情況下，產業資本家的利潤總共才是10%，他將其中的8%給了銀行家，他就得不到5%的社會平均利潤。為了保證自己的利潤率，產業資本家只有加速資金周轉，提高資金的利用效率，假如原來周轉一次的時間，現在可以周轉兩次，那麼他以8%的利率從銀行貸來的資金，在他快速的資本周轉中，實際支付的卻是4%的利率，這樣產業資本家就可以獲得6%的利潤率。另外作為銀行家他也可以通過銀行信用減少他的貨幣佔用。信用制度是必然形成的，以便其對利潤率平均化或在這個平均化運動起仲介作用，而整個資本主義生產就是建立在這個制度的基礎上的。對於信用制度的產生和作用，馬克思已經做了充分而具體的分析。

其一是流通費用的減少，這又體現在：主要流通費用之一是具有價值的貨幣本身，而通過信用，貨幣將以下面幾種方式得到節約。A、大部分的交易完全用不著貨幣；B、流通手段的流通速度加快了；C、金幣為紙幣所代替。

其二、由於信用的出現，流通或商業形態變化的各個階段，進而資本形態變化的各個階段都加快了，因而整個再生產過程也加快了。同時準備金也縮小了，這可以從兩方面來考察：一方面流通手段減少了；另一方面必須經常以貨幣形式存在的那部分資本也縮減了。在信用制度的基礎上，銀行家的一塊錢可以作幾塊錢來用，因為大量的貨幣交易不需現金支付，僅僅一個票據就可以節省成千上萬的貨幣支出。而作為貨幣的實際所有者的存款，則必須以貨幣即現金的方式存入銀行裡。這樣銀行家在接收存款時得到的是貨幣，而用於支付手段時，則可以用信用票據來代替。這樣他的現金支付將大大的減少。如果他的流動資金能夠節約一倍，他支付給存款者3%的利潤則實際上對他來說只有1.5%的成本，當然這是我們的假設，現實生活中也許比這個還要低。如果是這樣，他貸給產業資本家或商業資本家的貸款利息率就可以是6.5%了，而不是先前的8%，他就可以得到社會平均利潤的5%。這樣他以3%的利率收入存款進來，再以6.5%的利息貸給產業資本家，仍然可以實現他5%的平均利潤率。加上產業資本家的努力，資本的周轉速度在產業資本家那裡再提高一倍，這樣產業資本家實際上可以用3.25%的資金利潤支付給銀行家的6.5%的利息。對於個別產業資本家來說，這樣的情況下他的利潤就會高於社會平均利潤率，10%-3.5%=6.5%，比平均5%多了1.5%。於是社會各方都有利，在此基礎上金融業越來越繁榮昌盛，它成了所有人都離不開的一個大管家。存款人需要它，貸款人更需要它，直至政府和整個社會都離不開它。

　　如果按照馬克思的剩餘價值理論，銀行家的利潤G3的真正來源不是在於他的存貸款之間的利息差，不是他的職員的勞動創造，也不是他的投資回報，真正的內涵是產業資本家在生產商品時的所雇用的工人的勞動創造的剩餘價值，即產業資本家拿出剩餘價值m中的一部分作為利息的預先扣除——注意這裡轉入產業資本家的剩餘價值中的不僅僅是銀行家的利息收入，還應該包括除了利息之外的其他一切成本投入，也就是我們上面的例子中的G1+G2+G3= G′。如果G3來源於產業資本家的剩餘價值m，那麼G1和G2也都應該從產業資本家的m中得到補償，也就是說G′要從產業資本家的剩餘價值中進行扣除。按這種扣除理論去分析銀行家的價值形成過程，其結果將和我們在"商業流通是否也創造價值"一章裡對商品流通領域的價值形成過程的分析結果一樣，必然得出兩個互相矛盾的結論。要麼不把銀行業的管理人員和作業人員的勞動當作創造價值的勞動，這就違背了勞動價值論；要麼把金融行業員工的勞動看作勞動，而勞動創造價值，金融行業的員工也參與剩餘價值的創造，從而象商業勞動一樣把G1+G2+G3= G′的價值追加到商品的價值c+v+m=w的商品價值中去，這又違背了馬克思的剩餘價值理論。因為馬克思的剩餘價值理論認為產業工人的勞動是剩餘價值的唯一源泉。這同樣也是馬克思的勞動價值論和剩餘價值論之間存在的自身矛盾，二者不可同時存在，不可同日而語。

　　如果堅持馬克思的剩餘價值理論，必然會進入一個誤區，因為商業勞動和金融業的勞動都是不創造價值和剩餘價值的，他們的勞動都是非生產性勞動，他們的勞動僅僅是生產性勞動的一種無功補償。因此一方面要儘量減少這種勞動的投入，從而重生產領域輕流通和金融行業，這就必然違背商品經濟的規律，限制商業和金融的發展和繁榮，從而大量的商品閒置在生產企業的倉庫裡，大量的貨幣閒置在貨幣所有者手裡，進而造成整個社會資源的浪費。另一方面給人的認識就是商業和金融業的勞動者都是食利者，因為他們不創造價值和剩餘價值，他們就是資本家的走狗和幫兇，他們和整個資本家階級一起去榨取產業工人的剩餘勞動。由此引申下去，他們也是無產階級革命所要打擊的對象，也同資本家一樣是無產階級的敵人。事實上，當今世界上所有的社會主義國家，在進行奪取政權的鬥爭中也都是這麼實踐的，只不過在革命的不同階段，這些人的地位有所不同而已。在需要他們的時候把他們作為統戰對象，作為同盟軍，一旦取得政權和支配地位，首先所要打擊的就是這部分人，改造的也是這部分人。因為馬克思的學說認為這部分人不創造價值和剩餘價值，因此無產階級就不把這部分人當作勞動者看待，他們就是食利者或稱吸血鬼。這樣的一大批人群，作為商品經濟條件下的必然產物，也是社會分工造成的"七十二行"中的一部分就沒有存在的合理性了。首先馬克思主義理論沒給他們留下生存的空間，而作為無產階級革命理論武器指導下的無產階級革命實踐，必然是要消滅這部分人的存在，即使是不徹底消滅，也得對他們進行限制和改造，最大限度的減少這部分人的存在。作為無產階級的政黨，共產黨的理論基礎是馬克思主義，馬克思主義理論的錯誤必然導致共產黨的錯誤，馬克思主義的理論誤區，必然成為共產黨及領袖們的認識誤區或盲區。

　　作為銀行的職員，他們又會怎麼看待自己的勞動呢？顯然他從來就不會認為他的勞動是無功勞動，他也根本不承認他的工資是產業資本家發給他的，從而也根本不會承認他的工資來源於產業工人的剩餘勞動。一方面，從表面看，他認為他的工資就是他的勞動報酬，是他付出的腦力勞動和體力消耗的價值補償。另一方面他如果讀了馬克思的資本論，他會進一步想到他的勞動報酬——工資，也並不是他的勞動價值的全部。按照馬克思的剩餘價值理論分析，他的勞動也應該包括有酬勞動——工資和無酬勞動——剩餘價值兩部分。但無論是他的工資還是銀行家的利潤，那都是全體勞動者共同的勞動創造，絕不是產業資本家的施予，因此也不是產業工人的剩餘勞動在產業資本家和貨幣資本家交換過程中的價值扣除，或者說也不是產業資本家對貨幣資本家的剩餘價值的讓渡。作為銀行職員，他的勞動創造了他的工資，最多地說除了工資之外，他還為銀行家創造了利潤，要說他的工資及銀行家的利潤都來源於產業工人在生產商品時創造的剩餘價值，他們無論如何也不能理解，當然也不會接受。因此馬克思的剩餘價值理論，只有產業工人會接受，不但產業資本家、商業資本家、貨幣資本家都不會接受，而且商業流通領域的員工和貨幣金融領域員工以及廣大的職業經理人和各行業的企業管理者等等都不會接受。這樣馬克思的理論就成了少數人可以接受的理論。也許從絕對量來說，產業工人可能大於商品流通行業和金融行業的從業人員總量，但它代表的階級和階層卻非常單一，因此就不會為社會各階層所接受。況且這種絕對數也會因為生產力的提高、技術進步、社會發展、分工細化等諸多因素的變化而變化，以至於今天在發達的資本主義國家裡，這部分產業工人成為整個社會的少數。

綜上所述可以認為，如果說商業利潤來源於商業工作者的勞動，那麼同樣的道理，銀行利息也應該是來源於銀行工作者的勞動。經營貨幣資本這個特殊商品的銀行也參與了商品的價值和剩餘價值的創造。

第六章　關於資本的有機構成和資本周轉

　　馬克思把社會總資本分為兩大部類：即生產資料的生產者和生活資料的生產者，這是他在17-18世紀看到的社會經濟形態。當今社會出現了第三產業——服務業，以及大量的精神產品生產者，隨著人類文明進步，將來的社會分工可能還會產生巨大的變化。這是人類進步的必然結果，隨著生產力的發展，人們用於維持人類生存的物質生產勞動將逐漸減少，而用於精神生活的消費則會逐漸增加。比如：普遍的工作時間由每週六天，降到每週五天，每天8小時的勞動變為6小時，原來必須到工廠去上班，變成可以在家上班。作為勞動者，原來必須依屬於資本而勞動，也就是說必須在資本家的工廠裡，以被資本家雇用的方式而勞動，現在卻可以成為一個自由職業者。而作為一個自由職業者，他除了對社會應盡義務外，再也不受資本家的剝削了。因此勞動對資本的依附程度大大降低，工人用於維持生計所用的勞動時間逐漸減少，相反的用於自身的休閒、度假和從事其它自己的興趣愛好的活動時間則會逐漸增加。這樣一來，資本家和工人的對立現象就會逐漸改善。這些，已經成為當今世界資本主義社會的的現實存在，有目共睹，因此無需多加論證。

一、現在我們就按馬克思的理論，把社會的商品生產還分為兩大部類進行分析，即第一部類——生產資料的生產者，或稱為重工業，通常包括鋼鐵、電力、機械製造等能源、原材料生產企業和機械製造業。第二部類——生活資料的生產者，或稱為輕工業，通常有紡織、印染、制衣、日用化工等行業。象電腦和個人勞動防護用品這些，沒法說清是生產資料或是生活資料的行業，我們暫時把它排除之外，不作為討論對象。

從資本的有機構成來分析，第一部類的企業往往是資金密集型企業，其初始投資往往很大。比如建一個發電廠所投入的資金往往比建一個服裝廠要大成千上百倍，而建一個鋼鐵廠也要比建一個食品加工廠需要更多的投資。這些投資當然要包括生產資料的投資和雇用工人的投資，按馬克思的一般商品價值公式來表示就是：$c+v+m=w$，這個投資就是$c+v$之和。這樣我們隨便找一個第一部類和第二部類的企業作比較就很容易看出以下幾點。

1、第一部類的資本有機構成比第二部類的資本有機構成要高，例如一個發電廠，按照現在的技術水準，一個60萬千瓦的發電機組，固定資產投資往往上億元，而一個服裝廠的固定資產投資往往只要幾十萬，這是一方面。另一方面發電廠是技術密集和資金密集企業，而服裝廠則是個勞動密集型企業，也就是說發電廠的投資主要用於固定資產，而服裝廠的投資則主要用於人員工資。這裡暫時把隨產品消耗掉的原材料、燃料、動力的消耗放到一邊（這筆費用屬於購買原材料的流動資金，在一個產品週期就可以及時收回來，不需長期佔用）。而固定資產則要若干年或者到其預計的壽命終止才能收回來。這樣就可能會出現：

A資本價值形式：600c+100v（第一部類）；

B資本價值形式：100c+600v（第二部類）。

在這樣的資本有機構成條件下，假設剩餘價值率相同，其價值公式：

A資本600c+100v+100m=800w，這是第一部類產業，代表的是發電廠、鋼鐵廠等重工業。

B資本100c+600v+600m=1300w，這是第二部類產業，代表的是服裝廠、日用化工廠等輕工業。

馬克思正是這麼設想的，按照上面的價值公式，就自然會得出結論說：第二部類的工人比第一部類的工人創造了更多的剩餘價值，或是說資本B比資本A創造了更多的利潤。然而實事上服裝廠的老闆並不比電廠老闆賺的更多，那是利潤平均化的結果，原因在於B資本的市場銷售價格低於其產品價值，而A資本的市場銷售價格高於其產品價值。這讓人抓不著看不見，因此也沒法作量的分析和計算，讓人感到十分玄乎。為什麼利潤出現平均化？馬克思的解釋是競爭造成的，因為競爭，A資本雖然比B資本的剩餘價值率低，但也要拿到社會平均利潤，否則就沒人願意將資本投入A，而都會將資本投入B，以至於最終B產品過剩，無錢可賺，而A產品則緊缺，從而可以獲得超額利潤，致使一部分資本再轉入A。這是以結果找原因，是一種本末倒置的分析。實際上，資本的有機構成在同行業之間，總是大致相同的，不同行業根本不具有可比性。而按照馬克思的分析，提高資本的有機構成，是資本主義發展的必然趨勢，因為技術進步、設備改進，資本家投入C的資金會越來越多，反過來說因為新技術、新設備、新材料、工藝的使用，雇用的工人會越來越少。在此基礎上，在總資本所占比例中，不變資本c越來越高，可變資本v則越來越低，從而導致利潤率不斷下降的趨勢。不錯，按照馬克思的理論假設，結果正是這樣。但是我們如果換個思路，結果就完全不一樣了。我們還拿前面兩個資本投入作例子，只是改變其中一個變數，即剩餘價值率，其情況就大不一樣了。

A資本600c+100v+100m=800w，剩餘價值率100m/100v=100%，利潤率 $\frac{100m}{600c+100v} = \frac{1}{7}$；

B資本100c+600v+100m=800w，剩餘價值率100m/600v=1/6≈16.6%，利潤率 $\frac{100m}{100c+600v} = \frac{1}{7}$

這一價值形式則說明資本A和資本B的利潤率是一樣的，單位產品的總價值量也是一樣的，如果他們各自都按照商品的價值賣出了自己的商品，A和B 在市場交換中都取得了和商品的價值相等的貨幣量，這樣價格與價值也就不存在背離現象了，資本利潤率隨資本有機構成的提高而不斷降低的趨勢也就根本不存在了。這個事例反映的結果與馬克思的假設不同點僅僅在於剩餘價值率不同，而在馬克思的資本論裡所有的事例中，剩餘價值率m全部假設為100%，不知為什麼？

由於勞動生產力水準在不同企業存在巨大的差別，難道等量勞動一定能夠創造等量的剩餘價值嗎？一個勞動者用機械勞動一天，和靠自己的體能勞動一天，會創造出同樣的價值或社會財富嗎？

比如：一個碼頭工人，靠挑和扛搬運貨物，而另一個碼頭工人則用機械搬運貨物，如果他們同樣付出8個小時勞動時間，他們的勞動成果卻會存在巨大的差異，他們等量的勞動能夠創造等量的價值嗎？就算操作機械比人工搬運提高一倍的工效，他們的勞動成果就會多出一倍來。對於因功效提高而創造的多一倍的商品價值應該怎麼理解呢？我們可以做以下幾種理解：

（1）全部把它作為機械的創造，或是說全部作為機械設備折舊而轉移到產品的價值中。如果這樣，資本家的機械化和技術進步就沒意義了，因為機械的應用和人工創造同樣的剩餘價值，資本家就不會考慮機械化生產作業，這種理解消除了資本家技術進步的衝動，顯然是不符合資本主義生產的實際的。

（2）一部分作為機械折舊轉移到產品價值中，另一部分則作為勞動生產力的提高而多創造的產品價值。或者說一部分作為機械設備的折舊轉移到產品價值中，另一部分則是機械設備的勞動創造的剩餘價值。按照馬克思的觀點，這種理解也是錯誤的，因為機械是不能創造剩餘價值的，技術進步和設備更新的投入只能按照其壽命週期分期分批的將其價值轉移到商品的價值之中。由此說來這多出的一倍的功效所創造的價值只能是操作機械的工人所創造的。

（3）遺憾的是馬克思從來就不這麼認為，馬克思認為勞動生產力的提高，不但不能夠多創造更多價值和剩餘價值，而相反是少創造了價值。因為勞動生產力提高，必然在單位勞動時間內創造出更多數量的使用價值，也就是說勞動生產力提高創造的只是更多的商品數量，而凝結在單位商品中的社會必要勞動時間反而因商品數量的增加而減少，也就是說商品的價值與勞動生產力成反比。舉例來說：原來1小時生產1件產品，現在1個小時生產2件產品，現在2件產品也就只相當於原來一件產品價值。按照這個思路去理解，操作機械作業的搬運工雖然在8小時內比肩挑人扛的工人提高了一倍的勞動功效，但他並沒有多創造一倍的勞動價值。也就是說機械作業比較肩挑人扛雖然功效提高一倍，但是所創造的價值並沒有絲毫的提高。這只有天才的馬克思能夠理解，常人的思維根本沒法理解這裡面的奧妙。這是馬克思的剩餘價值理論給我們帶來的困惑，造成這個結果的根本原因還是馬克思對勞動理解的單一性，以及對剩餘價值來源地理解的單一性。根本癥結在於：只有產業工人勞動創造價值，其他社會各類人員的勞動及其它生產要素都不創造價值。

按照我們的理解，因勞動生產力的不同，人工搬運8小時創造100w的商品價值，而用機械作業，在同樣時間則可以創造200w的商品價值。還拿上述A資本和B資本分析：

A企業：600c+100v+100m=800w

B企業：100c+600v+100m=800w

B企業的工人創造的剩餘價值只相當於A企業的1/6，這個例子說明，在B企業這個勞動密集型企業裡，工人工資所占投資比例大，而在A企業這個資金密集型企業裡，則固定資產或生產資料的投資比例大，因此造成了他們的勞動生產力大不相同，在單位時間內付出了同樣的具體勞動，而他們的抽象勞動即產品的價值卻不同。從具體勞動來說，不同行業、不同的部門，他們的具體勞動時間都是基本相同的，比如一天8小時，6天工作制，他們所得到的勞動報酬也是大致差不多的，也就是說相同崗位或技能水準的人在不同的行業和部門付出同樣的勞動時間情況下，其工資水準也大致一樣。比如一個清潔工，一個保安或者一個維修電工，他們無論跳槽到什麼企業，他們的工資水準相差都不大，但是他們的抽象勞動則大不一樣，也就是說他們創造的價值和剩餘價值大不一樣。按上面的例子，B企業工人和A企業的工人付出了同樣的具體勞動，但是B企業工人所實現的抽象勞動則只相當於A企業的1/6，也就是說在B企業中，6個工人才相當於A企業一個工人創造的剩餘價值，（這還是建立在剩餘價值全部是工人創造的這個馬克思理論基礎上，去掉了這個理論基礎，連這個結論也是錯誤的。關於這點，前面已說的很多了，這裡就不想再說了）。

　　這個例子說明另外一個問題，不是B企業的工人受剝削程度比A行業輕，而是他們所創造的剩餘價值量比A企業少，B企業6個工人才相當於A企業1個工人創造的剩餘價值。而按照馬克思的假設，剩餘價值率在所有地方都一樣，那就必然得出以下結果：

　　A資本600c+100v+100m=800w，

　　B資本100 c+600v+600m=1300w，

　　這樣，同等量的資本在B企業，比在A企業就創造了更多的價值和剩餘價值。這自然會引出以下結果：

　　其一：如果商品按其價值售賣，B資本永遠可以獲得大大的超額利潤，也就是說投資第二部類的生活資料生產的輕工業或稱其勞動密集型企業，比投資在第一部類的生產資料生產的重工業永遠都賺錢，永遠都可以獲得超額利潤。直到這個行業出現大量的商品過剩，產品的價值無法實現或無法完全實現，逼迫資本B向資本A轉移，才算為止。

其二：如果商品不按其價值出售，也就是說B資本永遠按照低於產品價值的市場價格出售商品，A資本則永遠按照高於產品價值的市場價格出售商品。這樣一來，商品的市場價格與商品價值的背離將是永遠的、絕對的、不可克服的，而價格等於價值才是偶然的，甚至幾乎是不存在的，價格圍繞價值上下波動也是不存在的。因為千差萬別的經濟組織之間，資本的有機構成水準、勞動生產力水準總是各不相同的。因為勞動生產力不同，按照這個思路，具體勞動與所能實現的抽象勞動之間的差別，在同行業之間也許不大，但是因為資本有機構成的差別而引起的在不同的行業之間的差別將是巨大的。因為資本有機構成存在巨大差別，怎麼讓價格向價值回歸？按照馬克思的觀點只有一個辦法，通過競爭使資本家改變投資方向，從而實現價格向價值的回歸。看來競爭真是個好東西，不但資本家需要通過競爭打跨競爭對手，而且整個資本主義生產發展的活力全在於競爭，競爭推動了資本主義的經濟繁榮和社會進步，就連馬克思自己每每遇到他的理論難題不能自圓其說時，都把難題裝進這籃子裡，都用一個概念"競爭"來解決。

在我們上面的例子中，實際上是個二難推理，要麼承認其一，要麼承認其二，但無論其一或是其二，最終積累的矛盾在馬克思看來都只能通過競爭而自然解決。

二、根據馬克思的剩餘價值理論，工人的勞動創造了價值和剩餘價值，生產資料只是價值轉移，它不創造價值，因此也不創造剩餘價值。針對以上的事例分析，自然會導出一個結論：相同的資金投入，因為工人數量的不同，勞動密集型的企業比資金密集型企業會創造出更多的商品價值和剩餘價值。

按照上面的例子：

A、600c+100v+100m=800w，剩餘價值量100m，剩餘價值率100%；

B、100c+600v+600m=1300w，剩餘價值量600m，剩餘價值率也是100%。儘管他們的工資差不多，甚至在勞動密集型的B企業裡工人工資還可能會比資金密集型A企業裡的工人工資略低一點。但是在B企業，工人創造的剩餘價值卻是A企業工人創造剩餘價值的6倍。這樣就會把剩餘價值和利潤水準自然脫離開來，因為利潤平均化的作用和影響，剩餘價值再高的行業也只能享受到社會的平均利潤。這樣，最大限度的榨取剩餘價值，對資本家來說就沒什麼意義了，反正等量資本獲取等量利潤。

三、下面再看馬克思的另一個例子：

商品的生產價格等於商品的成本價格加上平均利潤，也等於成本價格乘以一般利潤率。平均利潤率不是各部門不同利潤率的簡單平均，而同社會總資本在不同部門中所占比重大小有關係。社會資本投入到有機構成低的部門比重越大，平均利潤率就越高，反之越低。

資本的有機構成	利潤率	產品價格	價值	剩餘價值
1、80c+20v+20m	20%	120	120	100%
2、90c+10v+10m	20%	120	110	100%
3、70c+30v+30m	20%	120	130	100%

　　這樣，就資本2生產商品來說，生產價格大於價值，就資本3來說，生產的商品價格小於商品價值，只有偶然是社會平均構成的生產部門資本1，價值和價格相等。這個例子給人的印象就是資本有機構成低的生產部門的產品價格總是低於其價值，而資本有機構成高的部門產品價格總是高於產品價值。資本3在市場交換中吃了虧，資本2在市場交換中占了便宜，資本3被資本2剝削了10個價值量的剩餘勞動，資本2的資本家不但剝削了自己工人的剩餘勞動，還剝削了資本3的工人10個價值量的剩餘勞動。而資本2往往代表的是資金密集型企業，資本3往往代表的是勞動密集型企業。也就是說勞動密集型的企業的工人不但要受雇傭自己的資本家剝削，還要受資金密集型的企業的資本家的剝削。對於這點，就是服裝廠的工人自己也不會相信，他不會相信他會受到發電廠和鋼鐵廠的老闆剝削。

　　在商品的價值生產及實現過程中，v和m的比例，即剩餘價值率在不同的行業、不同企業肯定是會不一樣的，而馬克思從來不作這種差別的研究，在他所舉的一切事例中，剩餘價值率都是100%的概念。在他的思想深處，要麼剩餘價值不變，資本家通過相對剩餘價值提高加重剝削，要麼通過絕對剩餘價值提高加重剝削。他從來不認為增加c的投入，從而提高了勞動生產率會提高剩餘價值率，也就是通過剩餘價值率的改變，而改變一下以上三個企業的價值公式。

我們現在嘗試一下，看看是否會有以下的情況出現：

資本的有機構成	利潤率	產品價格	價值	剩餘價值
1、80c＋20v＋20m	20%	120	120	100%
2、90c＋10v＋20m	20%	120	120	200%
3、70c＋30v＋20m	20%	120	120	≈66.6%

如果按這個價值公式去分析，事情一下子就變得簡單多了，不同的生產部門儘管資本有機構成不同，勞動生產力也不同，但是等量資本獲得了等量利潤都是20%；等量資本創造了等量的剩餘價值都是20m；商品的市場價格都可以按它的生產價值出售，都是120，再也沒有因此而造成的價格與價值的嚴重背離。作為工人來說，如果一天干8個小時工資為5，那麼他在資本1的企業裡幹4天相當於在資本2的企業裡幹2天，又相當於在資本3的企業裡幹6天，但是無論幹幾天反正他拿到的工資報酬每天都是5，管他幹多長時間呢！不同的僅僅是剩餘價值率不一樣：

資本1為100%

資本2為200%

資本3為66.6%。

也就是說資本有機構成高的企業和資本有機構成低的企業比較，儘管等量資本所創造的剩餘價值絕對量相同，但二者的剩餘價值率卻不同，資本有機構成越高剩餘價值率越高，資本有機構成越低則剩餘價值率越低。這樣剩餘價值率隨不變資本c的提高而提高，並不是隨可變資本v的提高而提高。顯然，這是一個和馬克思的剩餘價值理論相反的一個結論。

我們把資本3作為勞動密集型企業，它的剩餘價值率約等於66.6%，把資本2作為資金密集型企業，它的剩餘價值率是200%，而資本1則是100%代表的是一般現象。這樣自然就解決了以下幾個問題：

（1）價格都可以按價值去交換，也就不存在價格與價值的嚴重背離問題。也就是說除了通貨膨脹因素造成的價格脫離價值而上漲之外，在一般情況下，商品的市場價格與價值是一致的。

（2）儘管所處的行業不同，但資本家得到的資本利潤率都一樣，這就是利潤平均化。

（3）工人的勞動時間相同，但因為勞動生產力不同，而創造的剩餘價值率不同。這也就是勞動的效率不同，正是因為這一不同才刺激人們通過技術進步、設備更新、管理改進等各種方法去提高勞動效率。對資本家來說，提高勞動效率才是創造剩餘價值的最有效方法和手段，而對於工人來說通過勞動效率的提高自己不僅可以提高工資，還可以改變勞動條件或減少勞動強度。

（4）因為勞動者在不同行業的工資基本相同，在同樣的勞動時間或勞動強度條件下，能為資本家提供的剩餘價值絕對量也相同，都是20m，只不過這個剩餘價值量所對應的勞動報酬量不同。資本2的20m對應的是10v，資本3的20m對應的是30v，資本1的20m對應的是20v。這幾個企業，等量的投入100創造了等量的剩餘價值量都是20m，利潤率都是20%，區別僅僅是剩餘價值率不一樣。事實上，這個剩餘價值率往往被資本家和工人同時拋棄，資本家關心的是利潤率或剩餘價值的絕對量，工人關心的是工資的絕對量或其個人的工資與社會平均工資水準比是高還是低。這個分析結果告訴我們：等量資本創造等量的剩餘價值，而不是等量勞動創造等量剩餘價值。反過來也可以說，不同的勞動，因資本的相同而創造等量的剩餘價值，也就是說不同的勞動，因資本的相同而創造等量的剩餘價值，再反過來說，相同的勞動因資本的不同而創造了不同的剩餘價值。

（5）作為工人的個體來說，他們在不同的部門企業中，工資水準差不多，但因為他們在B資本中6個勞動日才相當於在A資本中一個勞動日創造的價值。因此從價值量來說，他們在B企業幹6天，只相當於在A企業幹一天。這個差別不是因為別的，只是因為二者的勞動生產力不同造成的。

（6）儘管勞動生產率存在差異，但是作為工人的勞動報酬和他付出的勞動時間（勞動量）是一致的，在我們上面的例子中每天的報酬是5。這樣一來，所謂的剩餘價值m與勞動力價值v的比率（剝削率）對他們來說已經毫無意義。同樣一個電焊工人，你在資本2的企業裡每天拿5元工資，到了資本3的企業裡，老闆會給你每天發15元的工資嗎？

這樣分析的結果，就是剩餘價值率與資本有機構成成正比，隨著資本有機構成越高，剩餘價值率就越高，資本有機構成越低，剩餘價值率就越低，而利潤率則與資本的有機構成沒關係，利潤只與投資額度成正比。這就否定了馬克思的"利潤率隨資本有機構成的提高而呈逐漸下降趨勢"這個結論。資本主義生產發展的實際也不支持馬克思的"利潤率隨資本有機構成的提高而呈逐漸下降趨勢"的理論。資本在不同的行業得到了等量的利潤，工人的勞動在不同的行業中得到了相同的工資，誰還去管剩餘價值率的問題。剩餘價值率這個在馬克思看來體現資本對勞動剝削程度的指標是那麼重要，然而作為資本家和工人誰也不會去關心它的存在和影響，那就只有讓那些無聊的學者們去研究去吧！

四、下面我們再從資本周轉情況考察一下不同部門之間的價值增值情況。

按照馬克思的例子：

A資本：80c+20v+20m=120w，總資本=100，每年周轉兩次變為：160c+40v+40m=240w，總資本=200，利潤=40%。

B資本家80c+20v+20m=120w，總資本=100，年周轉一次，利潤20%。這個例子是孤立的，沒有和具體的生產行業結合起來分析，通常生產生活資料的行業，即第二部類的生產週期要比生產資料的生產行業，即第一部類的生產週期要短，如果加上商品流通交換的週期，那麼生產生產資料的產品價值實現過程遠比生產生活資料的產品價值實現過程要長。飛機製造廠一年或幾年才造一架飛機，而服裝廠一天可以製造千百件上衣。就單件產品投入的原材料來說，飛機製造廠假如一年周轉一次，而服裝廠則一年可以周轉10次。就他們投入的設備來說，一台縫紉機的生命週期可能是5年，飛機製造廠的一台數控機床可能要用10年，由此就帶來了這二個行業的資金周轉速度大不一樣。如果把資本的周轉和資本的有機構成放在一起進行分析，那麼自然可以得出一個結論：那就是資本有機構成高的企業周轉速度慢，而資本有機構成低的企業周轉速度快。紡織廠、服裝廠、日用化工廠這些生產生活資料的企業，以及現代服務業較之於鋼鐵廠、發電廠、機械製造廠等這些生產生產資料的企業投入的資金要小，而雇的工人則多，也就是說資本的有機構成低。而生產生產資料的企業則投入的資金要多，雇傭的工人則少，也就是資本有機構成高。但是資本有機構成低的第二部類企業要比資本有機構成高的第一部類企業的資本周轉速度要快，這樣就實現了自然的平衡。我們還用前面的例子比較：

A資本600c+100v

B資本100c+600v

按照馬克思的剩餘價值率不變的假設，即剩餘價值率100%，其產品的價值是：

A資本600c+100v+100m=800w

B資本100c+600v+600m=1300w

這樣的情況下，資本A每年周轉一次，他的利潤就是100m，而B資本的周轉速度肯定比A資本要快，假如B資本一年周轉二次，他的利潤就是1200m。如果不考慮資本周轉的條件下或者說在周轉速度相等的情況下，A資本的利潤是100，B資本的利潤就600，現在再把資本周轉的速度加上去，二個因素疊加起來，利潤的差別就更加擴大。原來不考慮資本周轉情況下，A資本利潤是100，B資本利潤是600，這已經出現了很大的差別，現在因為B資本周轉速度比A資本快一倍，那結果就是一年下來A資本的利潤是100，B資本的利潤則是1200。如果他們的產品都能作為商品按照各自的價值賣出去，那麼這個價格與價值之間的背離是異常巨大的，甚至是荒謬的。這樣的利潤差別在資本主義的生產實際中是不可能存在的。如果，我們把剩餘價值率改變一下再看看結果：

A資本600c+100v+100m；

B資本100c+600v+100m。

這樣在周轉速度相同的情況下，他們的利潤是一樣的，投入都是700，利潤都是100。然而實際上他們的資本周轉速度是不可能一樣的，投資小，見效快，這是第二部類勞動密集型企業的特點，而投資大，周轉慢，這是第一部類資金密集型企業的特點。因此A資本和B資本的投資是不可能一樣的。現在我們假設B資本是A資本的十分之一，在其他因素不變的情況下，其產品價值形式是：

A資本600c+100v+100m=800w；

B資本10c+60v+10m=80w。

這樣，如果A資本每年周轉一次，利潤是100。B資本每年周轉10次，利潤也是100。B資本因為他的投資規模小，賺錢的能力小，但是賺錢的速度快，一年算下來，他和A資本就獲得了同樣的利潤100。這樣A和B都可以按照他各自商品的價值賣出他們的商品，他們的利潤率，都是每年1/7，因為他們的資本金可能來源於銀行的借貸，銀行的利息是按年計的，他的投資回報即利潤也就必須按年計算。由此等量投資獲得等量利潤，實現了利潤的平均化，又沒出現商品的市場價格與其價值的嚴重背離現象。但如果按照剩餘價值率來計算，B企業只是A企業的1/6。

如果按照馬克思的剩餘價值率不變的假設，即100%的剩餘價值率，則A資本和B資本的商品價值形式就成為：

A資本600c+100v+100m=800w；

B資本10c+60v+60m=130w。

這樣A資本每年周轉一次，可得到100m的利潤，而B資本一年周轉10次，則可以得到600m的利潤，這樣巨大的利潤差別，實際上也是根本不存在的。就投入產出來說，A投資700，一年獲取100m利潤，B資本投資70，每年卻獲得600m的利潤，這樣的結果簡直是天方夜譚。可見剩餘價值率不應該是個常數，它不僅在不同的行業存在很大的不同，就是同行業之間也有一些差別，只不過同行業之間的差別是不大的，而不同行業之間的差別則是巨大的。作為工資v與剩餘價值m的比率而設定的剩餘價值率，工資作為勞動報酬，基本上是同工同酬的，即相同的崗位，相同的專業技能，在他們所付出的勞動量基本相等的情況下，比如每天8小時，一週六天工作制，他們所得到的報酬基本上應該是一樣的。但由於他們所處的行業不同，他們的勞動手段、勞動工具和勞動條件不同，他們在單位時間內創造的價值和剩餘價值是不一樣的，這就是我們上面反復講到的一個手工勞動者和一個機械作業者幹同樣的活，他們在同樣的時間內創造的產品價值是不一樣的，因此他們所創造的剩餘價值或稱為社會財富也是不一樣的。

馬克思的根本錯誤在於，他一直認為等量的勞動一定會創造出等量的剩餘價值，即剩餘價值率總是100%，雖然他在"資本論"第一篇關於"具體勞動和抽象勞動"的論述中，已經說到商品的價值是一種抽象勞動，具體勞動創造使用價值，抽象勞動創造商品的價值，但是他在以後的篇章中所舉的大量事例就忘記了這一點。在他所舉的事例中剩餘價值率總是100%，商品的價值既然是凝結在商品中的社會必要勞動量，那麼這個勞動量就不是作為個體勞動者的個別勞動量。作為個體勞動者在不同的企業中從事的具體勞動，在這個抽象的過程中或者說被平均化的過程中早已被平均掉了。因此不同的勞動者的個別的具體勞動所創造的商品的價值和剩餘價值應該是不同的，而他們的工資又是基本相同的，這就是勞動效率問題，說工資v是100剩餘價值m就是100，這是根本錯誤的。

　　在我們上面的例子中，資金密集型企業的工資100，創造了100的剩餘，而勞動密集型企業的工資600才創造100的剩餘價值。這就是除了工人的勞動之外的其他生產要素（資金、技術、設備、管理等等）所起作用的結果，尤其是技術進步對剩餘價值率的影響則更為明顯。

　　A資本600c+100v+100m=800w，一年周轉一次

　　B資本10c+60v+10m=80w，一年周轉10次

　　這個假設例子在實踐中應該是存在的，也是符合價值規律和利潤平均化規律的。而如果說剩餘價值率都一樣，資金密集型企業工資100，創造的剩餘價值就是100，勞動密集型企業工資600，創造的剩餘價值就是600，顯然是不符合實際的，也不符合價值規律和利潤平均化規律。因為那樣一來就必然會出現一個矛

盾的結果，要麼價值與價格將會出現嚴重背離，要麼不同的行業存在巨大而驚人的利潤差別。

　　剩餘價值率為什麼會出現不同，就是因為資本A和資本B這兩個行業中，勞動者的勞動手段、勞動條件不同，從而造成的勞動效率不同而產生的，也就是說通常情況下資金密集型企業的勞動效率要比勞動密集型企業的勞動效率要高。這就是現實生活中所表現出來的資金密集型企業往往需要更多的高技能人才，而勞動密集型企業則往往只需要一般的勞動者。或者說資金密集型企業，複雜的勞動崗位多，而勞動密集型企業則簡單的勞動崗位要多些。

　　馬克思關於平均利潤率的思想，表述為："平均利潤率是指社會總資本的年利潤率，亦稱一般利潤率。資本家階級每年生產的剩餘價值同社會範圍內全部預付資本的比率，它體現了職能資本家之間分配剩餘價值的關係。平均利潤率是由全社會各個產業部門不同的個別利潤率，在競爭規律下，趨向平均化而形成的。各個產業部門不同的利潤率的形成取決於三個主要因素：剩餘價值率、資本的有機構成、資本周轉速度。"

　　遺憾的是，馬克思在資本論中，僅僅分析了資本的有機構成的變化和資本的周轉速度的變化對平均利潤率的影響，而沒有分析剩餘價值率的變化對平均利潤率的影響，不知為什麼？

　　等量資本要求獲得等量報酬，這是資本的必然要求。如果資本有機構成高，資本周轉速度慢的企業只能獲得較低的利潤率，那麼資本所有者就不會經營此類企業；如果資本有機構成低，資本周轉快的企業可以獲得較高的利潤率，那麼資本所有者就都去經營此類企業；如果資本有機構成低，資本周轉速度快的企業可以獲得較高的利潤率，那麼資本所有者就會把資本投入這些企業，這樣就會造成激烈的競爭。競爭的結果必然導致利潤率的平均化。這就是馬克思給我們指出的解決利潤平均化的辦法，這裡只講了資本的有機構成和資本周轉速度對利潤的影響，避而不談剩餘價值率對利潤造成的影響。如果考慮了剩餘價值率對利潤率的影響，根本不需要通過競爭引起資本轉移來實現利潤平均化。只要把剩餘價值率和生產效率進行掛鉤考察，就會自然實現等量資本獲得等量利潤的社會利潤平均化。當然這樣說的本意並非是排除市場競爭的作用，也不排除因競爭而產生的資本從一個行業向另一個行業轉移的現象，旨在強調不同行業，甚至是同行業內各企業之間"因剩餘價值率的不同而可能達到利潤的平均化"這樣一個事實而已。

　　資本有機構成高低，資本周轉速度快慢都會使等量的資本獲得不同的利潤，這就必然導致不同部門之間的競爭。即資本在不同部門間的轉移，這種轉移包括資本增量的投向高利潤的部門和資本存量由不利部門抽出，投向高利潤部門。

　　"利潤比較高的生產部門，由於資本增量的投入和社會存量資本的轉入而大大增加，直至出現供過於求，該部門商品價格大幅度下降，從而引起利潤率下降；而利潤比較低的部門，由於資本增量很少光顧，加上社會存量資本大量轉出，生產大量縮減，直至出現供不應求，引起價格上漲，利潤率提高。這種狀況會一直持續到上述部門能夠按照平均利潤率實現等量資本獲得等量利潤。"

　　這就是馬克思開出的藥方，這藥方說的是資本的有機構成的比例，資本周轉速度不同都會使等量的資本獲得不同的利潤。這種不同利潤的平均化辦法只有一個，就是通過競爭而引起資本轉移，也就是說：不存在因為剩餘價值率不同，從而抵消這種利潤率的不同。事實上，通過我們以上的事例分析可以看出，完全可以通過剩餘價值率的不同來克服因資本有機構成的比例不同、資本周轉速度不同而造成的不同部門或不同企業間的利潤差別。當然這裡也許仍然不能排除競爭的因素，但不同的剩餘價值率也正是競爭所造成的結果。既然通過競爭，在價值從個別到一般，從具體到抽象的過程中，以及在商品的價值實現過程中已經解決了利潤平均化問題，就無需再用資本的轉移來解決這一問題，也許實際上這個價值實現過程已經包含了資本轉移的因素影響。

「部門內部的競爭形成市場價值和市場價格，具體價格隨價值而變動，價格多大程度背離價值，那要根據供求關係確定。不同部門間的競爭形成平均價格和平均利潤。」馬克思是說了前頭忘了後頭，在具體問題分析上往往丟掉了他自己的基本原理。

馬克思認為，在商品生產的低級階段，可以按照或接近於價值進行商品交換，而在商品生產的高級階段（因為資本有機構成，資本周轉的差別），要按照生產價格交換。不同部門的競爭形成平均利潤，而不同部門如何競爭呢？那就是資本轉移，哪裡賺錢哪裡去。

商品要按照其價值交換，為什麼要在商品的生產低階級段才能實現，原因無外是：低級階段，勞動都是直接的腦力和體力的消耗，且勞動手段僅僅是自身的體能或者靠體能使用簡單的工具。而商品生產的高級階段，因為機械化、電氣化、自動化應用，改變了勞動手段、提高了勞動生產率，資本參與了價值的生產和創造，商品的價值再不僅僅是勞動者的勞動量，而是資本量和勞動量的結合，而且隨著社會進步，勞動量所占比例將會越來越少，資本量所占比例則越來越大。在馬克思的剩餘價值理論中，只有勞動創造價值，資本不創造價值，所以在商品生產的高級階段，商品的交換價值即價格，就和生產它時的價值出現越來越大的背離現象。加上馬克思的商品價值與勞動生產力成反比的規律支配，勞動生產力越來越高，則單位產品的商品價值會越來越小。如果在馬克思那個時代，一件上衣價值量是100w，而賣10英鎊的價格，那麼社會發展到現在，勞動生產力提高了上千倍，這樣一來原來生產一件上衣的時間現在可以生產1000件，那麼這件上衣的價值就是馬克思那個時代百分之一，或千分之一。原來一件上衣假如是10英鎊，代表100w的價值，現在還賣10英鎊則代表100/1000的價值，價值僅僅相當於過去的1/10。如果現在同樣一件上衣賣了100英鎊的價格，那麼100的價格才能代表1/10w的商品價值。而且這種情況還會隨生產力的提高繼續發展下去，直至最終商品的價值等於或接近於零，而商品價格則會成倍的提高。這就是根據馬克思的價值論演繹出來的一個悖論。由此可見這是一個偽命題。關於商品的價值與勞動生產力成反比的問題在第一章已經進行了詳細的分析，這裡就不再重複。

關於資本周轉的具體計算問題，馬克思在資本論裡的例證中還有一個明顯的錯誤，下面看看馬克思給我們所舉的事例：

假設某企業把資本的半數投在建築物上面，10年更新一次；1/4投在工具上面，2年更新一次；餘1/4投在工資和原材料上，一年周轉2次。他的資本全部為50000美元。所以他每年的支出：

50000/2=25000美元在10年間=2500美元在1年間

50000/4=12500美元在2年間=6250美元在1年間

50000/4=12500美元在1/2年間=25000美元在1年間

在一年間=33750美元

這個帳算的明顯有問題，問題在於這個資本家在用25000美元建廠房和用12500美元購買機械設備的時候，用的是分期付款。25000美元的建築用10年支付，12500美元的設備機械用2年支付。這樣的分期付款方法不知道他的賣方是否願意，就打算願意恐怕也是有條件的。這條件要麼是提高建築物和設備的售價，要麼要買方支付相應的（作為平均利潤）的銀行利息。

現實社會中，通常情況下要一次性付款。如果25000美元一次性付出去，而要分10年收回來。那麼該企業在建築方面的資金佔用第一年就是25000美元，第二年佔用是25000-1250美元，第三年則是（12500-1250）-1250……依次遞減下去，10年才收回投資。這顯然與馬克思的演算法大不一樣。在馬克思看來，這個企業在第一年付出的25000美元，放到產品的價值計算中，他第一年只要支付2500美元就可以實現。同樣的道理去分析需要2年收回投資的機械設備投入，也是這樣的結果。這裡顯然是少算了，不知天下是否有這等好事？

另外作為原材料和工資的投入，計算為50000/4=12500美元在1/2年間=25000美元在1年間

既然25000美元是分2次支付的，他需要支付的流動資金佔用還是12500美元。一年下來他的流動資金佔用還是12500美元，而不是25000美元。這裡顯然多算了。

┃ 第七章　關於剩餘價值的分配

　　馬克思認為剩餘價值是由工人的勞動創造的，但是被資本家無償佔有了。他的資本論的理論基礎就是剩餘價理論，據說這是他的新發現，也是他對經濟學的貢獻，因為從威廉·配第到亞當·斯密的所有經濟學家都沒發現這個資本家剝削工人的秘密。在馬克思的商品價值一般公式裡，用m表示剩餘價值，即商品的價值形式公式：c+v+m=w，m是工人創造的，是工人的剩餘勞動，工資v是工人的必要勞動，m則是工人的剩餘勞動，但m不屬於工人所有，而作為利潤被資本家無償佔有。這裡的"無償佔有"是否正確，通過前面幾個章節的具體分析已經大概明白了。這一章就具體分析一下資本家用這個剩餘價值m究竟幹什麼去了呢？在馬克思看來，就是用於以下二點：

　　第一、用於資本家個人消費，以維持其奢侈的生活方式；

　　第二、是將它作為資本，進一步的追加投資，用於擴大再生產，從而賺取更多的利潤或者剩餘價值。

　　除此之外，還幹什麼了？馬克思沒說，也許他沒看到除了這兩點，資本家還有什麼支出，也許是他看到了，但為了維護他的理論體系而故意視而不見，不願把它說出來。現在我們從新分析一下，剩餘價值m的分配問題。

　　第一點，就是資本家的個人消費，這點馬克思的資本論已經說的很明白了，不用再贅述了。作為個體的資本家，無論他是吝嗇鬼，還是花花公子，無論他是省吃儉用，還是揮金如土，紙醉金迷，反正他要維持自己及其家庭成員的生存，他就必須消費。這個消費支出的來源只能是m中的全部或一部分，拋開個人的習慣不談，就整個資本家階級來說，他們的生活條件肯定要比工人優越得多，特別在資本主義初期，差別尤為明顯，這點恩格斯在《英國工人階級的狀況調查》這本書裡對當時的工人階級的生活作出了深入的調查研究。此問題因為與本文的主題關係不大，所以暫時撇開不談。我們要研究的是剩餘價值m的分配問題，這第一筆支出就是資本家本人的消費，即便不免產生豪華、奢侈或浪費，但作為維護資本家存在的必要條件（既包括物質的需求，也包括精神需求；既包括基本的需求，也包括講面子、圖排場、求虛榮的奢侈要求）。總之這部分支出是必須的，或者說是不可避免的。

　　第二點，就是資本家為了最大限度的追求利潤，他不把m的全部用於個人消費，如果他全部把m消費掉，他只能維持簡單再生產。在激烈的資本主義市場競爭中，不進則退，如果他只想維持簡單再生產，那麼他的企業維持不了幾年就會倒閉，被淘汰。因為資本主義的競爭主要靠的是技術進步，這技術進步既包括設備更新改造、機械化、電氣化、自動化的應用，也包括工藝改進、管理水準提高等等；既包括新產品、新技術、新材料、新設備、新工藝的不斷採用，也包括新人員——即高級技術人才和管理人才的引進。所有這些都要花錢，都要投入。這對於資本家來說是形勢所逼，大勢所趨，不是他想不想的問題，而是他要在激烈的市場競爭中求得一席之地，他就必須不斷追加投入，擴大他的生產規模，進行技術改進，以提高產品的產量和品質，改進管理以便最大限度的降低消耗，否則他就跟不上資本主義飛速發展的步伐而被淘汰。從這點上說，馬克思設想的資本主義簡單再生產只是個理論假設而已，實際上是不存在的。作為資本家的個體，從主觀上說沒有一個是自覺自願被淘汰的，他們中的一部分因為種種原因被擠垮，從而造成企業破產倒閉，那絕不是因為資本家把賺的錢都吃光花光，不願追加投資從事擴大再生產而造成的。相反，他們的失敗往往在於追加投資，進行擴大再生產時沒有控制住風險造成的，或是受經濟發展週期的影響，在經濟繁榮時期規模極度擴張，一旦遇到經濟衰退便力不從心，眼巴巴地看著自己的企業破產倒閉。由此說來他們的破產倒閉不是因為他們的無所作為，而是因為他們極度擴張的雄心造成的，是太想有所作為造成的。從整個資本家階級來說，在一定的歷史條件下，在一個特定的時空範圍內，市場就那麼大，競爭總會有輸贏，總是不斷的有人倒下去，同時又有人站起來，有人賺了錢，有人虧了本，自古就沒有包賺不賠的買賣。就象一個包子摷給一群狗去搶，總有搶不到的，固然每條狗都想得到包子，也都會為之付諸最大的努力去爭，甚至打得頭破血流，但必定包子少狗多，有的敗下陣來那是理所當然的。再說得好聽一點，商品經濟條件下的市場競爭，表現出來的總是"僧多粥少"的現象，因為市場是有限的，而人的欲望是無窮的，資源是有限的，而人們佔有資源的貪欲是無窮的。

由此可見，這第二部分的支出，也是必不可少的，而且從資本家的主觀願望來說，這部分的支出盡其所能，儘量擴大，哪怕他把他的生活消費降下來，也要儘量設法滿足這部分的支出。這是資本主義高速發展的動力所在。反過來說資本主義的商品經濟生產方式比以往歷史上曾經有過的任何一個經濟形態都有活力，發展速度突飛猛進，經濟成果日新月異，其基本推動力就是資本主義的擴大再生產，或稱資本擴張。

第三點，資本家的支出還要向政府交稅，按照當今世界的平均稅賦水準，這部分支出大概要占到企業利潤的15%-20%左右。這部分支出是政府以法律的形式規定下來的，是強制性的徵收，沒有討價還價的餘地。按照稅賦的基本原理，作為企業只要有盈利就必須繳稅，這叫所得稅。除此之外，有的國家還要征企業的營業稅，也就是說企業只要經營，無論你虧本還是賺錢，政府按你的營業額進行收稅，其稅率至少也有5%左右。這個支出對於資本家來說也是必須的，儘管他主觀上不一定願意，但客觀上必須服從。固然他可以弄虛作假，偷稅漏稅，但這樣他一旦被查處，就要受到嚴屬的處罰，因此承受巨大的損失而得不償失，權衡利弊，還是遵紀守法，照章納稅吧。

作為政府來說，要維持一個國家機器的正常運轉，絕不是件容易的事。

其一要有國防和軍費方面的支出，這是維護國家主權和領土完整，不受外來侵犯的的鋼鐵長城。在世界上還存在國家的現實條件下，就必然存在戰爭的風險，要控制戰爭風險，就得建立一支強大的軍隊和具有領先地位的武器和國防設施。按照馬克思的共產主義理想，將來世界大同了，消滅國家了，這個軍費開支也許就不存在了。然而就算到了那個時候，恐怕也還需一支為全世界服務的武裝力量，以便治理極個別暴徒的擾亂，就象現在的聯合國維和部隊打擊海盜和恐怖組織一樣。

這個國防和軍費開支來源於何處？直接的說就是國家的稅收，這稅收的實質又是什麼？就是用強制的辦法對經濟組織的課稅。由此不言而喻，這稅收的真正來源還是商品價值中m的一部分。

其二，**政府的存在**，必然有官僚的存在，沒有一大批政府各級官僚或者說政府公務員，政府的職能就不能正常發揮。沒有官員的政府只是一個空架子，如果把政府比做是房子，官員就是房間裡從事各項活動的人，這部分人作為國家的管理人員，是不可缺少的。國家要維護正常的社會秩序，要辦各種社會福利事業，這是國家的最基本的職能，也就是國家存在的客觀基礎。正是因為國家的這些最基本的職能，馬克思才反對以巴枯寧為代表的無政府主義者。以巴枯寧為代表的無政府主義者主張消滅國家，具體方式就是無產階級通過暴力革命打碎舊的國家機器，由此立即進入無政府狀態。因為在巴枯寧看來，根本不存在什麼無產階級專政的國家，國家只要存在，它就是人民永久的監獄，政府也就是人民永久的敵人。巴枯寧因為對國家機器的憤怒，而沖昏了頭腦，他沒有看到國家機器作為維護社會秩序，興辦各種社會福利事業，進行社會財富的二次分配以調節平衡各階級的利益等諸方面而存在的必要性。這是國家機器的自然屬性，從這點上說政府就是樂隊指揮，以指揮協調社會各階級、各層次、各部分人的正常有序的社會活動、經濟活動。而除此之外，國家還有壓迫人民，統治人民，奴役人民的社會屬性，這是一個事物的二個面，一陰一陽，一正一反，對立統一而存在。此文僅僅討論經濟問題，對政治問題這裡不多論述。

關於這部分支出，馬克思也認為是必要的，他在《哥達綱領批判》一書中非常激烈的批評了普魯東的"不折不扣"的觀點。馬克思認為要維護國家的存在，就必須從工人的剩餘勞動中拿出一部分，作為對剩餘價值的扣除（實際上就是稅收）。馬克思在《哥達綱領批判》中，言辭激烈的批評了拉薩爾"鐵的工資規律"和"勞動所得應當不折不扣和按照平等的權利屬於社會一切成員。對社會總產品的分配不是不折不扣的分配，而要作六種扣除之後，再進行分配：

"這六種扣除就是：第一，用來補償消費掉的生產資料部分；第二，用來擴大再生產的追加部分；第三，用來應付不幸事故，自然災害等等的後備基金或保險基金。剩下的總產品中的其它部分是用來消費資料的，把這部分進入個人分配之前還得從裡面扣除：其一，和生產沒有關係的一般管理費用；其二，用來滿足共同需要的部分，如學校、保健設施等；其三，為喪失勞動能力的人等等設立的基金，總之就是現在屬於所謂官辦濟貧事業部分。"

針對國家的壓迫人，奴役人的屬性，馬克思主張建立無產階級專政的國家，不過他設想的這個專政是多數人對少數人的專政。關於此類問題的討論，將在"科學社會主義批判"中闡述，本文暫時擱置。

不論怎麼說，馬克思主義是承認國家存在的合理性的，無論是什麼樣的國家，要它正常運轉，都必須要有軍費和官俸支出，以及其他的一些社會支出。這個支出那裡來？取之於民，用之於民，這個民是誰？肯定不是靠工資維持基本生活的工人，只能取之于資本家的剩餘價值m。

在進行實際資本積累和擴大再生產以前，剩餘價值轉化為貨幣以及貨幣的貯藏都是需要一個相當長的時間。只有在作為資本積累的貨幣額達到一定數量後，才能進行擴大再生產，資本主義的發展首先表現為物質的極大豐富，商品的大量堆積，為了便於商品交換，世界各地陸續出現了許多大型商業中心。社會財富積累，人類的進步，生產的發展，靠的正是積累，從而形成的擴大再生產。只不過資本主義的生產方式把這點提高到一個前所未有的高度。

其三，作為國家的運行主體──政府，建立了全面的社會保障體系，這個保障體系既包括資本家，也包括工人。但是這個社會保障支出的根本來源說到底還是剩餘價值的一部分，即商品價值中m的一部分。因為無論是資本家或是工人，他們都要生存，要生存就存在基本生活開支，同時他們也都面臨養老、醫療、子女教育等方面的費用支出。這個支出，從個體來說無論是資本家承擔，還是工人自己承擔，但從整個社會來說，這部分支出也只能是剩餘價值m中的一部分。儘管這種支出的方式是多樣的，有的國家是企業繳一部分，勞動者自身繳一部分，有的國家則作為稅收的一部分在徵稅時一併向企業徵收。但無論繳納的方式有多少不同，其實質都是一樣的，就是國家利用法律形式，建立一種社會制度，以實現人人享有養老、醫療、失業、生育、子女教育等等方面的保障，而建立這部分社保的費用說到底還是剩餘價值m的一部分。

第四點，作為產業資本家來說，他的商品生產出來僅僅是產品，還不是商品，要把產品變成商品，他就得讓出一部分利潤給商人作為流通費用，同時如果他"借雞生蛋"，他在投資辦工廠時，不是自有資金，而是向銀行貸款，為此他還要向借貸資本家——銀行家支付規定的利息。無論是商業流通費用還是銀行利息，在馬克思的剩餘價值理論中，都是對產業資本家剩餘價值的扣除。當然，我們通過本文的研究，試圖擺脫這一思想的束縛，如果按照本文的觀點，商業資本家通過他經營的商店進行商品交易和流通，也能為商品創造一個追加的價值，由此商品的生產企業把商品生產出來，並沒有完成全部的價值生產，或者說沒有完成全部的勞動。一件商品，由產品變為商品還要經過商品流通領域的追加勞動才能完成商品的總價值的生產。如果這麼理解，商品流通行業的生產資料投入、人員工資投入和商業利潤以及商業部門向國家繳納的稅費，也就不是從產業資本的利潤中的扣除，而是商業勞動所創造的價值和剩餘價值的扣除。這樣一來，產業資本家的社會負擔就輕多了，他只要將他的利潤一部分作為稅收繳給國家，在此基礎上形成他的稅後利潤，然後再將他的稅後利潤一部分用於自身的生活消費，其餘的全部用於擴大再生產或進行科研創新，從而使他的企業始終充滿活力。

另外，同樣的道理，作為物化勞動形式而存的貨幣資金，是過去的勞動的積澱，如果也能作為生產要素參與商品的價值和剩餘價值的生產和創造，那麼貨幣資本家借給產業資本家所得到的利息就不是產業工人進行商品生產時創造出來的，而是貨幣資金作為資本被使用所產生的時間價值，也就是說利息就是貨幣資金的時間價值。這樣銀行家的利息也應該追加在商品價值中，而不應該向產業資本家生產商品時所形成的商品價值中的m去支取。這樣產業資本家向銀行貸款，他用這個貸款可以買設備、建廠房、購買原材料，也可以向工人支付工資，但是無論他怎麼用，這不是問題的實質，問題實質是他向銀行借錢，他就要按約定支付利息，假若利息是5%，那麼他借一百萬，就要支付5萬的利息。這個利息作為他的資本投進了商品價值中，作為他的生產成本的一部分放在他的商品價值中，因此可以說與他用自有資金進行生產相比較，他增大了他的投入，而商品的利潤卻是一樣。用自有資金生產經營和用借貸資金生產經營，利潤總額是一樣的，資金利潤率也是一樣，比如：某商品的價值形式是：80c+20v+20m=120w，這是自有資金生產的條件下，產業資本家投入了100萬資金，得到20萬的利潤，剩餘價值的量是20萬，剩餘價值率=100%，利潤率=20%。假如他的100萬是從銀行借來的，為此就要支付5%的銀行利息，這時他的100萬到期後就只有95萬了，因為無論他經營的好壞，無論他虧損還是盈利，這個利息都是要按期支付。假如他的商品價格可以按生產價值賣出，他就實現了120萬的產值，因此他要從120W中拿出5萬去歸還銀行，這樣他實際得到的利潤是15萬。這樣他與用自有資金進行生產經營比較，就少賺了5萬，而這少賺的5萬不是因為他的商品價格沒有實現商品的價值，而是因為在他的商品價值中本身就飽含著5萬的銀行利息。這樣他就實現了"借雞生蛋"的無本經營，原來一無所有（當然是從貨幣資金來說，實際上要麼他有技術，要麼他有能力，僅憑貨幣資金是沒法進行生產經營的），一個生產週期下來（假如他的商品是一年一個週期，並且銀行利息也按年結算），他就擁有15萬的貨幣資金。這就是資本主義的生產方式不斷造就資本家的方式。從外表上看他是從他的利潤中拿出5萬支付了銀行利息，但這5萬本身是100萬使用一段時間（一年）的使用價值。通過這一段時間的使用，這100萬就變成了120萬，這和其他商品正好相反，其他一般商品在使用過程中都有損耗或折舊，因此隨時間的增加，商品的價值會越來越少，直至到了它的生命週期，商品失去了使用價值，變成一文不值。而資金則是越用越多，因為它沒有生命週期，因而它就可以周而復始的被應用，因為它不是具體商品，所以它可以作為支付手段廣泛被應用，因為它不存在損耗和折舊，也不存在報廢和滅失，作為價值符號它會永遠存在，而且越滾越多。

由此而說，貨幣被當作資本應用，是個價值增值的過程，這個價值增值現象是由資本主義的生產方式決定的，也就是說資本主義的經濟是擴張式經濟，資本主義的生產方式也是不斷擴張的生產方式。擴張本身需要大量的貨幣資本作為支付手段被廣泛應用，擴張的經濟使貨幣資金永遠都處於供不應求的緊張狀態。在市場經濟條件下，有需求就有市場，需求的多了就會形成供不應求的局面，這樣貨幣所有者在市場經濟中就永遠處於有利的地位。

現在我們拿上面所舉的商品價值的例子，來具體分析一下m的去向：80c+20v+20m=120w。

　　這120w如果正好代表的是商品的市場價格，那麼在一個生產週期下來，它所代表的貨幣量可以是120萬或1200萬，我們假設它就代表120萬的貨幣資金。我們現在看看這120萬中除掉80c和20v已經墊付支出以外，資本家賺到的也就20萬，現在如果政府按營業額或產值徵稅，假如稅率是5%，那麼政府要拿走6萬元。這樣資本家的稅後利潤就還有14萬，這14萬如果是自有資金經營，他就暫時得到14萬，如果是用貸款經營他還要支付5萬的利息，這樣他只剩餘9萬元了，這是一種演算法。第二種演算法是，如果他自己不進行經營企業，而是委託給一個企業管理公司進行經營管理，或者是將自己的企業以承包的方式包給別人去經營，他就要從他的稅後利潤中支付一筆費用給經營管理層的人員（方式可以是承包經營，也可以是利潤分成或其他方式等），這筆費用的多少，那要看不同情況下的具體約定。假如是利潤分成，如果各取50%，那麼這個產業資本家支付的管理公司管理費用就是4.5萬，這樣他還剩4.5萬。面對這4.5萬，如果政府還要征所得稅，假如稅率是20%，那麼他還要被征走0.9萬，這樣他剩下的只有4.5-0.9=3.6萬。這樣的稅率高嗎？從目前各國的稅賦情況來看，政府這樣的徵收稅賦是不高的。政府總共從20m中征走6.9萬，這是作為稅收對資本家剩餘價值m進行的扣除。這樣資本家名義上20的毛利，實際到手的淨利只有3.6。當然如果他不是借貸經營，他的利潤20萬減去5%的營業稅，還剩14萬，再去掉管理公司的50%，他還剩7萬，這7萬再被政府徵走20%的所得稅，他的最終利潤7-1.4=5.6。這5.6才是真正可以算他自己的，大於這5.6的所有資金對他來說，僅僅是過過手而已。這個經營結果，與

5%的銀行利息大致也差不多，略比利息高一點，這個假設還是比較符合實際的，因為如果經營企業的利潤達不到銀行利息，則沒有人會去投資生產。如果把資金放在銀行裡比把資金投入生產經營會得到更多的利潤或利息，則每個人都願意把錢放在銀行裡生息而不願意去投入生產經營，因為資金放在銀行裡生息，既省心省力，也不存在投資生產所帶來的虧損風險，到期兌付利息，坐享天成，何樂而不為。

　　如果產業資本家既不借貸款經營，也不委託別人經營，按照上面的例子，他的20萬的利潤，政府以營業稅的名義先征走5%，就是6萬，他還剩14萬。這14萬也不會就這麼安然無恙的落入他的腰包，國家要對這14萬征企業所得稅，假如企業所得稅是20%，那麼他又被政府征走2.8萬元的企業所得稅，14-2.8=11.2萬元，最終他的利潤還有11.2萬元。這11.2萬雖然是以利潤的名義剩了下來，但是這裡面不都是利潤，除利潤之外還暗含有資本家管理公司的勞動報酬和銀行利息，這點是被馬克思忽視掉的。另外，在這種情況下政府從他手裡拿走了8.8萬元，而在前面的第一種情況下政府只從他手裡拿走6.9萬。這說明，無論如何在剩餘價值m的分配中政府總是處在優先的地位，政府的稅收總是優先支取的。所以剩餘價值的無償佔有者不僅是資本家，而無償佔有剩餘價值的首先是政府，這點也是被馬克思忽視掉的。

　　當然為了突破資本對生產規模的限制，或者說更有效的利用資本，資本家可以通過加速資本周轉的方式，來擴大生產經營規模。比如在上述例子中，產業資本家向銀行借貸100萬的貨幣，如果年息是5%，而產業資本家的生產經營，一年周轉一次，他的利潤是3.6，如果他能夠一年周轉二次，或是三次，那情況就大不一樣了，在其他條件不變的情況，每周轉一次，他的收益就會倍加增長。但是加速資本周轉的直接受益者，也不光是產業資本家，首先國家的稅收會成倍提高。如果實行累進費率進行徵收，資本家的利潤越多，他上交稅收的比例就越大。從這點上說，資本主義生產規模的擴大最大的受益者還是政府。這點和利息有所不同，利息是資金的時間價值，在固定的時間內，利息的數量是一定的。而國家的稅收則是根據產值和利潤額來徵收的，利息的支出不受資本周轉的影響，而稅收的支出則隨著資本的循環次數增加而倍增。但是世界上任何事物的發展都會受到一定條件的約束，資本周轉也會受到各種因素的制約，絕不是資本家一廂情願的事情。在一個行業部門之間，資本的周轉循環也是大體一致的，因為資本的周轉速度，除了受生產過程長短的制約，還在很大程度上受到交換條件的制約。這個交換，既包括G—W，即資本家購買原材料和生產設備的交換，也包括W—G，即資本家把產品作為商品賣出去的交換，

　　資本周轉時間是資本生產時間和資本流通時間之和，流通時間既包括商品購買時間，也包括商品出售時間。其中商品出售時間的延長和縮短，也直接影響著流通時間及整個資本循環週期的長短。

　　按照馬克思對資本周轉的分析：A資本家投入可變資本500英鎊，剩餘價值率100%，一個生產週期內就取得剩餘價值500英鎊，一年周轉10次，剩餘價值就是5000英鎊。B資本家投入可變資本5000英鎊，剩餘價值率100%，一個生產週期內的剩餘價值

就是5000英鎊，一年周轉一次，年剩餘價值也是5000英鎊。A資本家用500英鎊的投入每年賺5000英鎊，B資本家用5000英鎊的投入每年也只賺5000英鎊。這樣的投入產出比差別太大了。實際上這種情況是不存在的，同行業或同樣產品的生產是不會有這麼大差別的，否則周轉慢的企業早已被淘汰，而不同行業生產不同的產品，是沒有可比性的。賣包子的每天周轉一次，一年周轉365次，而賣飛機的一年甚至幾年周轉一次，賣包子的絕對不會比賣飛機的賺取更多利潤或剩餘價值。因此也不能說包子店的工人比飛機製造廠的工人創造了更多的剩餘價值。這僅僅是馬克思的一個不切實際的理論假設，是在他的剩餘價值率總是100%的假設條件下推導的結果，而實際上各行各業的剩餘價值率大不一樣，只要改變一下100%的剩餘價值率，再對資本周轉進行分析，其結果就完全不同了。這點在上一個章節裡已經作了詳細的分析。

通過以上分析，我們可以看到，商品的剩餘價值，一方面不能僅僅理解為是產業工人的剩餘勞動，在整個商品生產和交換過程中，除了有產業工人的勞動，還有商業、運輸業等其他行業的勞動，因為在商品生產和交換過程中，除了工人的勞動，還有各級、各類管理人員的勞動。資本家往往是企業的最高管理者（實行管理權和經營權分離的股份制企業除外），國家、政府公務員是國家的管理者。在社會分工越來越複雜的現代社會，除了直接從事商品生產和交換的物質生產勞動者以外，還有大量的精神產品的創造者，他們同樣也參與各種物質產品和精神產品生產，同樣也創造產品的價值和剩餘價值。另一方面從生產要素角度去考察，勞動僅僅是生產要素的一部分，除了勞動以外，生產要素還包括資金、技術、管理等其他諸多因素。在這其他諸多因素中，貨幣資金往往是最主要的因素，這就是俗話說的有錢好辦事，無錢什麼也辦不成。在諸多的生產要素中，除勞動以外，資本具有天然的生值能力，貨幣資金一旦作為資本應用於資本主義的生產，也就產生了具大的造血功能，所以也不能把利息簡單的理解為是貨幣資本家對產業資本家的剩餘價值的瓜分。錢生錢這一現象，事實上在資本主義的商品生產方式產生之前就早已存在了，儘管那時候人們借錢往往只是為了生計，而不是為了投資辦企業，但借貸關係在日常生活中卻是頻繁發生的，只不過到了資本主義時代，這種借貸無論是質上還是量上都產生了大的飛躍。一方面借錢變得容易，另一方面負債經營成了一種常見的生產經營方式，這種現象常被人們稱作"借雞下蛋"。從這點出發，完全可以說：資本是生產之父，勞動是生產之母；資本是天，勞動是地。父母結合繁育後代，天地結合產生萬物。

以上說的是剩餘價值的來源問題，下面再看看剩餘價值的去向問題。就剩餘價值的去向來說，它不僅僅是為資本家無償佔有，剩餘價值的一個去向就是政府的稅收，佔有剩餘價值的最大頭還是國家。因為國家作為社會的管理者，除了要養軍隊搞國防建設、要養政府公職人員以外，國家還要從稅收中拿出一部分興辦各種社會事業和福利事業，建立全民社保。而從社會福利事業得到利益的也不光是資本家，也包括產業工人。由此說來，工人通過國家的二次分配又取回了他的部分剩餘勞動，也就是他在第一次社會分配中被扣下的剩餘價值通過社會的再分配又拿回了一部分。

　　正因為資本主義生產方式的最大受益者是國家，所以作為掌管國家機器的政府一定要替資產階級說話，按照當今的說法：政府是靠納稅人養活的，所以政府就要完全徹底的為納稅人服務，這就是現代國家制度，即建立服務性政府的經濟基礎。按照馬克思的國家理論，國家則是階級的統治工具，是一個階級壓迫另一個階級的暴力統治工具。所以在馬克思的整個思想體系中，國家始終是統治人民的統治工具，因此國家最終是要消滅的，只不過不是人為的消滅，是隨著階級的消亡而自行消亡。為什麼只能自行消亡，就是因為它有存在的合理性，這個自然的合理性其實就是它對社會進行的有效管理，從而使社會有序穩定的存在和發展，同時很多社會事業和社會福利只有以國家或政府的名義才能辦得起來。維持社會各個階級和各階層的共同利益，照顧社會各層次的大致平衡，盡量實現社會公平，從而使社會各階級、各階層都能和諧相處，以不斷促進整個社會的進步與繁榮。

　　政府公職人員都是靠國家稅收養活的，國家稅收來源於社會經濟組織的剩餘勞動，這是不爭的事實。這些社會公職人員當然是不能直接創造剩餘價值的，但是他們為直接創造剩餘價值的一部分人提供了生產和社會保障，因此這種無功補償也是必須的。就是到了馬克思設想的共產主義社會，這部分人也還是存在的。馬克思在《哥達綱領批判》中已經說得很清楚了，這部分人的勞動報酬必須從社會的剩餘勞動中進行扣除。而如果按照馬克思階級鬥爭理論去分析，那麼所有的政府公務員都是資本家的幫兇。從國家總統到站在馬路上指揮交通的交警，無疑都參與了剩餘價值的瓜分活動，因此他們全是食利者，全是寄生蟲，因此就應該把他們統統打倒或者消滅。這種認識當然與現代國家的發展實際大相徑庭，這是不能被多數人所接受的。這種認識，必然認為所有的公職人員——拿中國人的話說就是吃皇糧的，他們都是無產階級革命的對象，都是無產階級的敵人，因此都要被打倒。由此就必然出現中國封建社會的改朝換代現象，一朝一代不斷更替，但是其結果只是歷史的循環和重演。

剩餘價值的第二個去向，就是資本家的個人消費，這點在前面已經說過了，無論他的消費方式和消費水準如何，他的這筆支出是必須的。通常情況下，只要有可能，他肯定會儘量降低這筆支出，以便騰出更多的資金用於擴大再生產。

剩餘價值第三個去向，就是擴大再生產，也就是資本家為他的企業追加投資，以增加他的生產規模。從資本家自身來說，投資的目的當然是賺取最大的利潤，但是從整個社會再生產過程來說，他仍然是在為社會作貢獻，這個貢獻通常表現為：（1）為政府增加了稅收，而稅收一旦被征去，就可以把它看作是為整個社會所有，絕不再是為資本家個人和資本家階級所佔有。（2）通過擴大再生產，從而擴大就業，使更多的工人可以獲得工作條件，從而增加整個工人階級的工資收入，進而增加社會的穩定與和諧。（3）通過擴大再生產，增加了社會的財富，增加了社會的總商品量，從而使商品有降價空間，使廣大消費者受益。或者是促進了社會的技術進步，提高了生產力水準，提高了人類戰勝自然的能力，從而促進整個人類的歷史進步。從這點出發，不能不說這就是資本家對人類做出的貢獻。

　　在一定的歷史條件下，人的體力、智力、技能和客觀的機遇都是不一樣的，由此必然產生社會精英。而作為資本家個人來說，不是隨便什麼人都可以成為資本家的，一個普通人通過個人努力成為資本家，需要諸多的主觀和客觀條件。就算某人有幸生在一個資本家的家庭，通過遺產繼承獲得了辦企業的條件，但是如果他沒有一定的能力，他的企業在繳烈的市場競爭中也必然被淘汰。在階級社會中，這種人與人之間的差別肯定是存在的，一方面是階級的存在造成了這種差別，另一方面通過個人主觀活動作用，又在不斷的擴大這種差別。就整個社會來說，精英（包括政治精英、經濟精英、文化精英等等）對社會的貢獻當然大於一般人。只要是按勞分配，或者說按社會貢獻進行個人財產分配，作為精英的資本家得到的勞動報酬也肯定比一般人更多，這也是天經地義、合情合理的事情。反過來說，要是平均分配社會財富，只講平等不講效率，必然會挫傷人的勞動創造的積極性和能動性，其結果必然影響社會生產力的發展和社會進步。這點早就被社會主義的實踐所充分地證明了。

▌第八章　關於資本主義經濟危機

　　什麼是經濟危機？馬克思認為經濟危機實質是商品過剩的危機，表現為大量的商品堆積，賣不出去，從而不能實現其價值，因此造成整個社會的生產停滯、浪費或倒退。經濟危機的原因是什麼？在馬克思看來，就是資本主義的生產社會化與生產資料的個人佔有的矛盾，因此它是資本主義的不治之症。馬克思就是根據資本主義的這個根本矛盾進一步論證資本主義必然走向滅亡的。然而從馬克思的時代到現在，幾百年過去了，資本主義並沒有像馬克思推論的那樣走向滅亡，而是一步一步的沿著其自身的發展道路不斷地走向新的繁榮和昌盛。這一事實，讓我們從新審視資本主義的發展，從新認識馬克思為資本主義所下的必然走向滅亡的定論。也就是說，經濟危機是否是資本主義的不治之症？資本主義是否靠自身的力量可以克服這個所謂的不治之症？資本主義的經濟危機的根本原因是生產的社會化與生產資料的個人佔有之間的矛盾，還是商品經濟規律支配的的必然產物。也就是說，經濟危機是否與"商品經濟"這一生產方式相聯繫，無論是資本主義還是社會主義，只要是商品經濟的生產方式，就必定會產生經濟危機。

　　在馬克思的時代，經濟危機就是商品過剩的危機，由於商品的價值不能實現，社會生產出現紊亂，工廠不能開工，工人大量失業，因此出現社會經濟的大蕭條。二戰後出現了凱恩斯這個資本主義的大救星，提出政府對自由放任的資本主義經濟進行宏觀調控，以消費刺激生產，以政府的行政手段，調解生產與消費的矛盾，從而使商品過剩的現象得到了克服，由此商品再不出現大量的過剩，商品的價值可以及時實現，也就避免了因商品過剩而造成的經濟危機。

　　但是舊的問題解決了，新的問題又來了，這就是金融危機。金融危機可以說是經濟危機的新的表現形式。從表面上看，金融危機就是金融產品過剩的危機，金融產品作為特殊的商品，因此金融危機也可以說就是商品過剩的危機。對於這一經濟危機的新的表現形式，整個世界目前還沒有找到根本的解決辦法，但是在一次次的挽救金融危機的實踐過程中，也積累了許多寶貴的經驗，這為進一步克服金融危機奠定了一定的基礎。

　　既然金融危機是經濟危機的新的表現形式，下面我們就花點時間詳細討論一下金融危機。

　　金融危機是指一個國家或幾個國家與地區的全部或大部分金融指標（如：短期利率、貨幣資產、證券、房地產、土地（價格）、商業破產數和金融機構倒閉數）的急劇、短暫和超週期的惡化。其特徵是人們基於經濟未來將更加悲觀的預期，整個區域內貨幣幣值出現幅度較大的貶值，經濟總量與經濟規模出現較大的損失，經濟增長受到打擊。往往伴隨著企業大量倒閉，失業率提高，社會普遍的經濟蕭條，甚至有些時候伴隨著社會動盪或國家政治層面的動盪。金融危機可以分為貨幣危機、債務危機、銀行危機等類型。近年來的金融危機越來越呈現出某種混合形式的危機。

危機涵蓋了兩方面基本內容：其一，涉及金融方面，對銀行流動性、支付系統與償付能力的沉重打擊而導致的金融衰弱是金融危機的顯著特點；其二，恐慌呼嘯而來，存款人和投資人的信心急轉直下，不僅使銀行體系的形勢更加嚴峻，也加劇了實體經濟中的問題，進而引發一系列連鎖反應。

總之金融危機就是金融產品（貨幣、債券、股票、房地產等）過剩的危機，金融產品過剩，結果是貨幣貶值，資產貶值，經濟蕭條，企業倒閉。這是金融危機的表現，下面再看其實質。

整個資本主義周轉過程中，生產時間和流通時間佔用一定量資本，資本在整個周轉時間內所需要的預付資本量是生產資本和流通資本的總和，為了不使生產在資本的流通時間內中斷，在不能夠預付足夠的流動資本的情況下，就只能縮小生產規模。反過來說，在資本家不能夠預付足夠的流動資本的情況下，又不想縮小生產規模，甚至還想進一步擴大生產規模，怎麼辦？錢從哪裡來呢？結果必然是資本家負債經營。資本主義的生產特點是有需求就必然有供給，有借錢的就必然產生放債的。於是資金市場便應運而生，包括銀行和信用社經營的存貸款業務，企業間的商業信用對資金的融通以及通過股票、債券買賣進行資金流動。

對於飛速發展的資本主義經濟來說，貨幣資本總是不夠用的，因此資金總是供不應求。在商品流通中，貨幣充當支付手段會不斷產生並擴大信用事業，在信用的作用下，銀行最大限度的拼命放貸，又次生出影子銀行，從而推高了虛擬資本的總量。商業信用、債券業，實際就是花明天的錢，這種信用的濫發，就會引起虛擬資本的過剩，當它所能代表的貨幣價值不能實現，由此引起銀行的信用危機，也就是金融危機。金融危機必然要影響到實體經濟，即產業，由此產生整個社會的經濟危機，債務危機。因此說金融危機是經濟危機的表現形式。

　　經濟危機的主要原因在於自由放任的經濟制度所帶來的生產與消費的對立。雖然經濟危機往往表現在貨幣危機和信用危機，但這並不是危機的真正原因，生產過剩造成商品價值得不到實現，有價證券貶值，說明貨幣危機加深了經濟危機。凱恩斯主義的"政府宏觀控制，以消費刺激生產"理論，儘管沒能從根本上克服經濟危機，但對經濟危機起到了緩解作用。凱恩斯主義基本解決了商品過剩的危機，但不能解決金融危機，解決金融危機的根本辦法在於要限制資本主義的自由放任，加強政府對經濟的宏觀調控。具體的說就是限制金融產品（貨幣、債券、股票、房地產等）的濫發，限制虛擬資本的總量和虛高。

　　資本主義的生產方式，是市場自發調節供給與需求，當資本出現短缺時，就出現了資本的代替物——信用。在資本主義信用制度發達的情況下，貨幣資本的積累實際上就是銀行家手中的財富積累，銀行家作為私人資本家和各種借貸之間的仲介，社會的全部信用都被他們當作自己的私有資本來利用。由於銀行資本大部分是虛擬資本，所以銀行資本也並不反映現實資本的積累。

　　只要再生產過程沒有停歇，而且資本回流確實能得到保證，銀行信用就會不斷進行下去，並擴大起來，這種信用的擴大是以再生產過程本身的擴大為基礎的。一旦由於資本不能及時回流，市場出現商品過剩，價格下降而導致停滯時，產業資本的過剩就會出現。

早期的資本主義經濟危機表現出來的是商品過剩的危機，這是因為資本的快速擴張，擴大再生產的速度和規模超過了需求，表現出來的是大量的商品賣不出去，或者是降價銷售，不能實現商品的價值。從而迫使再生產過程中斷，同時因為消費的不足，加速了商品的過剩。這就產生了凱恩斯經濟學——以消費刺激生產，從而用政府的手段擴大消費，刺激生產，以避免商品過剩的現象。約翰·梅納德·凱恩斯是現代最有影響力的經濟學家，被譽為資本主義的"救星"和戰後繁榮之父，原因就在於他的宏觀調控理論。馬克思認為資本主義經濟危機的根本原因是生產的社會化和生產資料的個人佔有的矛盾，因為個人佔有生產資料形成自由而無序的競爭。用政府的手段進行宏觀控制，擴大消費，限制產能過剩的企業的生產量，從而實現社會總供給和總需求的大致平衡。這一理論在資本主義的應用，作用是很明顯的，雖然他沒有從根本克服資本主義的經濟危機，但減緩了危機的頻次，降低了因危機造成的嚴重結果。

關於供需平衡，實際上只是個理想的狀態，在整個資本主義生產過程中，供需的平衡只是暫時的偶然現象，不平衡是必然的。因此可以說只要是商品經濟，就必然是市場調節資源配置，這有它的合理性。市場導向下的生產和消費，就是市場自發調節生產和消費，並根據市場行情向生產和消費者自發傳遞市場信號，以此進行資源的配置。作為一個不斷連續的生產過程，也正像其他任何運動中的物體一樣，只能在運動中尋求自然平衡。這種在運動狀態中的平衡，正像一個蹺蹺板，通過不斷的不平衡的運動，即上下左右的不斷擺動，以求得運動中的平衡，一旦停下來便會一頭落地，出現了不平衡。

因此怎麼看待資本主義的經濟危機呢？可以說資本主義的經濟危機也是一個經濟週期性發展所產生的一個必然現象，就象自然界的四季輪回，晝夜更替一樣：繁榮——危機——蕭條——復蘇——繁榮……以至於無窮。每一次循環，從哲學上看都是一個否定之否定，危機之後必然產生新的更高層次的繁榮。任何有生命的運動，也都是按這一規律作往復循環的運動。從這點出發可以說，經濟危機是商品經濟的必然產物，是經濟發展的一個螺旋式上升的方式。正象人會生病一樣，不要把它看得那麼可怕。既然經濟危機是商品經濟的必然產物，它就會隨著商品經濟的產生而產生，因此它也就會隨著商品經濟的發展而發展並隨著商品經濟的消亡而消亡。由此說來，要徹底避免經濟危機，就必須消滅商品經濟這一生產方式。而在人類發展的一定歷史階段，商品經濟自然有它存在的合理性，要消滅它，也只得靠它自身的發展，讓它自己消滅自己，或自己走向滅亡，靠所謂的計劃經濟是辦不到的。

銀行信用和虛擬資本的產生和發展，改變了資本主義經濟危機的表現形式，即從商品過剩的危機變為金融危機。金融危機的根本原因除了信用和虛擬資本的過份應用以外，就是通貨膨脹造成的。為什麼會出現通貨膨脹？回答自然是：因貨幣的超發，造成了貨幣貶值。為什麼貨幣會超發，因為代表資本的貨幣不夠用呀，特別是在經濟高速發展的繁榮時期，到處需要錢，因此銀行家就利用信用的杠杆，打開印抄機，大量印錢，從而市場上就表現出到處都是錢，到處都不缺錢，這時候就是經濟的高燒引起的興奮，隨之而來的必然是高燒和興奮過後的四肢乏力，精疲力盡。

信用的發展一方面加速了生產力的發展，這是其利；另一方面又加深了資本主義的基本矛盾，就是經濟危機。資本家可以依靠信用，拿社會的財產來進行冒險，加劇了生產各部門之間發展的不平衡性，促成社會資本再生產比例嚴重失調，引起信用膨脹和通貨膨脹，從而加大金融風險，並加速了經濟危機爆發，這是其弊。

這一利一弊，正是一個事物的兩個方面，也是個對立統一體，用其利就得承其弊，享受它帶來的好處，就得承受它帶來的災難，不可兩全。這也是上帝給出的公平。

在經濟蕭條階段，借貸貨幣資本的積累與現實資本積累的不一致表現得最為明顯，當市場不活躍時，大量的商品賣不出去，物價隨之下降，生產處於停滯狀態，大量的貨幣資本游離，表現的借貸資本的過剩與產業資本的收縮結合在一起。

在危機中，對借貸貨幣的需求會減少，這樣借貸貨幣資本相對顯得充裕。危機爆發，信用瞬間中斷（銀行倒閉），再生產過程癱瘓，閒置的產業資本也同時發生過剩。

計劃經濟會怎麼樣呢？按照馬克思的觀點，計劃經濟可以實現社會各生產部門有計劃按比例的發展，因此就可以實現供需平衡，從而克服商品過剩的現象。但是在世界上所有的社會主義國家都實現了計劃經濟，但是這種計劃經濟的弊端也產生了非常嚴重的惡果，從而造成了整個社會的災難。所以，所有的社會主義的計劃經濟都是曇花一現，所有的社會主義國家都要進行經濟體制改革，而經濟體制改革的根本途徑就是重新回歸到市場經濟。社會主義改革的實踐證明，改革取得了一定的成效，從而促進了生產力的發展和社會進步。

　　按照馬克思的社會再生產理論，社會再生產表現為簡單再生產和擴大再生產兩種方式。用馬克思的價值形式表示，簡單再生產的價值公式是：I（v+m）=IIc；擴大再生產，就是把m的一部分用於社會擴大再生產，假如這個量是1/2m，那麼擴大再生產的價值形式是：I（v+1/2m）>IIc。這裡I代表第一部類即生產生產資料的產業，II代表第二部類即生產生活資料的產業。資本主義的生產方式決定了資本主義的生產不可能是簡單再生產，無論工人還是資本家都不會把自己的所得全部消費掉，總會或多或少的把它存起來或者用於追加投資。所以對簡單再生產的研究是沒什麼實際意義的。這就是說資本主義的再生產過程必定是擴大再生產的過程，那麼在這個擴大再生產的過程中，必然出現I（v+1/2m）比IIc大，因此出現商品過剩。這就是說，商品過剩是資本主義商品生產的必然現象。但是就是因為出現商品過剩，商品才有降價的空間和可能，並由此形成資本主義商品生產條件下的買方市場。這個買方市場對商品的消費者十分有利，消費者在購買商品時可以有更多的選擇。這樣又反過來刺激商品的生產者改進產品的功能，提高產品的效能，從而不斷實現商品的更新換代。這就促進了歷史進步，因此說商品的過剩並不都是壞事。而社會主義的計劃經濟則力求做到供給和需求的平衡，結果不但做不到供需平衡反而造成商品短缺，最後不得不實行憑票證供應。這樣必然造成"公主不愁嫁"的現象，根本不需要提高產品品質，或改進產品性能，由此造成整個社會發展的落後或停滯。

計劃經濟的弊端主要表現為：（1）市場信號滯後，因此造成信號失靈；（2）資源不能充分有效的配置或使用，出現資源閒置或濫用；（3）長官意志，脫離實際；（4）力求供需平衡，實際做不到，反而出現更為嚴重的不平衡，通常表現為商品緊缺，市場上商品匱乏而導致憑票供應；（5）改變了商品經濟的自然規律，造成生產力發展緩慢或停滯；（6）因為賣方市場，造成產品品質低劣，影響技術進步和企業的創造力。

計劃經濟條件下，沒有經濟危機，但也沒有經濟的繁榮，社會擴大再生產的速度緩慢，這不利於整個人類的社會進步。因為社會經濟運行過程的複雜性、多樣性和諸多的不確定性，從生產到消費，靠長官意志沒法預先計算好各行業各部門的生產和需求，因此也就根本不可能實現社會生產各部門按需要、等比例發展。

商品經濟條件下，資本家或者說經濟組織追求的是利潤的最大化，企業要想獲得利潤，一方面要不斷瞭解並滿足顧客的需要，從而生產出適銷對路的產品，另一方面又要不斷的進行技術進步，以便提高產品的性能和品質，並最大限度的降低生產成本和消耗。因此市場上的商品表現出來的總是供大於求，正是這種供大於求，才能形成買方市場，有了買方市場，商品才有降價銷售的空間，並且只有在買方市場條件下，生產者為了更好的把商品賣出去才不得不千方百計的不斷提高產品品質或改進產品的性能。因此，商品相對過剩是市場經濟的必然現象，由此形成買方市場使商品生產者和銷售者改進產品品質，改善服務或降價銷售，最終廣大消費者得益。這種商品的過剩遠比官僚制度下的計劃經濟體制造成的人們拿錢買不到商品，以至於各種形式的商品供應券充斥市場要強千百倍。

在現實生活中，供求從來不會平衡，只有在極偶然的情況下，它們才會平衡，在科學上這種偶然性幾乎等於零。這也正象中醫認為的，人體陰陽平衡是人體健康狀況的理想狀態一樣，但這種平衡總是偶然的、暫時的、相對的，不平衡則是必然的、永久的、絕對的。由此說來，任何一個矛盾的統一體都是平衡中的不平衡。工人和資本家，人民與統治者，夏天和冬天，白天和黑夜，都是這樣的對立統一體。

通過上述分析，我們可以認為資本主義的經濟危機是資本主義的生產方式——商品經濟的規律所造成的，它是商品經濟的自然現象，從這點出發，說他是不治之症也不為過。但是凱恩斯主義的出現，基本克服了實體經濟的生產過剩的危機，從而導致經濟危機的表現形式有了變異，也就是從商品過剩變為金融過剩。這種金融過剩雖然暫時還沒找到解決辦法，但是人類是智慧的，沒有解決不了的難題，要不多久解決金融危機的辦法就會出現。但是既然經濟的發展是有週期性的，既然繁榮——危機——蕭條——復蘇——繁榮……以至於無窮，是經濟發展的基本規律，也是世間任何事物發展的普遍規律，那麼我們就別想從根本上改變這一規律。要享受商品經濟帶給我們的好處，而又不想承擔商品經濟所帶給我們的麻煩，這顯然是非常幼稚可笑的。

█ 本文總結

　　通過本文的論述，旨在揭示以下幾點被馬克思遺漏、顛倒和歪曲的事實：

一、剩餘價值不僅僅是產業工人創造的，商業流通、金融業及運輸等其他行業的工人同樣也是剩餘價值的創造者。

二、商品的價值和剩餘價值，不僅僅是工人的勞動創造的，除了工人的勞動以外，還應包括各級、各類管理人員的勞動。而資本家作為一個最高管理者，他自己本人也參與了商品價值生產和剩餘價值的創造。

三、按照勞動價值論的觀點，就勞動創造價值而言，除了物質產品生產者創造價值和剩餘價值，精神產品的生產也創造價值和剩餘價值。

四、在商品價值和剩餘價值的生產和創造過程中，不僅僅是活勞動起作用，作為資金和技術、管理等生產要素同樣參與了商品價值的生產和剩餘價值的創造。特別是作為專利形式而表現的技術以及管理水準的提高，都會為商品的價值生產和剩餘價值的創造作出一定的貢獻。而專利技術和管理往往也是以資本的方式出現，因此可以說資本是商品的價值之父，勞動是商品的價值之母，資本和勞動共同創造了商品的價值和剩餘價值。

五、資本和勞動這兩個生產要素，除了對立的一面外，還有其統
一的一面，不能僅僅只看到他們之間的對立，而忘記了他們
之間的統一。因為它們分別代表了兩個階級，即資產階級和
無產階級，因此不能只看到資產階級和無產階級這兩個階級
的對立，還要看到他們之間的統一。

六、關於剩餘價值的分配問題，不能僅僅理解為剩餘價值全部為
資本家佔有了，實際上除了用於擴大再生產以外，剩餘價值
的主要去向是政府的稅收。而稅收裡面，除了國防、軍費開
支和各級各類政府公務人員的勞動報酬支出之外，還有很大
一部分社會事業和全民福利支出，以及全民社保支出。享受
這一部分支出的不僅僅是資本家，還包括廣大工人在內的社
會全體人員。也就是說政府通過二次分配的方式將一部分剩
餘價值又還給了各級各類勞動者。

七、在整個剩餘價值的再分配中，真正用於資本家個人消費的部
分並不大，除了生產性的消費之外，資本家個人的生活消費
是有限的。這裡排除他們投入慈善事業的費用不說，僅僅從
他們的個人消費來看，他們的衣食住行等基本生活所需都是
有限的。當他們的基本生活滿足之後，再多的財富都不再是
他自己的，而是屬於社會的。

八、就剩餘價值的去向來說，最大的支出還是用於社會的擴大再
生產，特別在商品經濟的低級階段，或者說在資本原始積累
時期尤其如此。而這擴大再生產，廣義的說是在推動社會，
乃至整個人類的生產發展和文明進步。

九、商品經濟是人類發展到一定歷史時期的產物，是人類在一定
歷史時期所必須採取的一種生產方式，它是人類的發展歷史
過程中是自然產生的，因此要改變這種生產方式也只能是自
然的，也就是說商品經濟的消亡也應該是自生自滅，自然消
亡的過程。既然有商品經濟的生產方式，就必然要出現資本
家，資本家是在商品經濟的產生和發展過程中自然形成的，
不是從石縫裡蹦出來的。因此要通過暴力革命消滅資本主義
的生產方式，從而消滅資本家只是共產主義烏托邦的理想之
舉。因為資本主義的生產方式就是商品經濟，商品經濟體現
的是人們在交換關係面前的人人平等和市場自發調節和配置
資源的經濟運行機制。要說有剝削，也是在商品經濟條件
下，在商品交換關係的支配下的資本剝削。從社會文明進步
方面來考察，這種剝削遠遠要勝過封建社會的權利剝削。

十、資本家往往是社會的精英，客觀上必須承認他們對社會的貢
獻比一般人更大，就象作為總統的國家元首往往是政治精英
一樣。在一個階級社會裡，首先必須承認精英的存在，其次
就是必須承認精英對社會的貢獻要大於一般人。你可以把資
本家打到，但是不久你還得把他們扶起來；你可以把資本家
趕走，但最終你還得把他們請回來。這就是作為社會主義的
蘇聯和中國的歷史實踐告訴我們的客觀事實。

▌後記

　　第一遍讀《資本論》，是在70年代，當時懷著極其崇敬的心情，把它當做聖經拜讀，虔誠似教徒。80年代讀《資本論》，對書中的一些觀點、理論就產生了一些懷疑，讀過之後把有疑問之處隨筆記了下來。以後這些疑點便長期不斷地在腦子裡纏繞、徘徊，並在實踐中經常加以檢驗對照。2013年，帶著批判的眼光第三遍再讀《資本論》，便一邊讀一邊批判，由此形成本書的提綱。

　　本書的基本觀點還是與馬克思一脈相承的，對問題的分析方法也是和馬克思的《資本論》大致相同的，區別僅僅是將剩餘價值的源泉擴大了。在《資本論》理，剩餘價值只有一個源泉，那就是工人的勞動，通過本書的論述又發掘了剩餘價值的幾個泉眼，那就是資本、技術、管理等生產要素。也就是說除了工人的勞動之外，作為生產要素的資金、技術、管理等也是剩餘價值的源泉。從行業來說，《資本論》中剩餘價值的來源僅限於商品生產領域，通過本書的分析，把它擴大到了商品流通、交通運輸、金融和其他社會服務業（或者說第三產業）。從勞動者來說，從產業工人擴大到社會各行業的工人、管理人員以及從事精神產品生產的全體社會勞動者。由此說來，關於剩餘價值的源泉問題，馬克思顯得有點吝嗇，而我只不過比馬克思慷慨了點而已。

　　從商品的價值形成來說，馬克思對商品價值的分析用的是扣除法，即商業利潤、銀行利息等等都是對產業資本家生產商品時所產生的利潤的扣除。本文則採用了追加法，即商品生產的各要素在商品的價值形成過程中都不斷地對商品的價值進行追加，商業勞動及商業利潤，金融勞動及利息等等都是對產品價值形成過程的不斷追加。由此而論，這也是對馬克思主義的批判繼承，用馬克思的哲學思想來說就是否定之否定，是揚棄。

　　寫作本書的初衷並不是想替資本家說話，因為我受的教育自始至終，資本家都是罪惡的，資本主義社會是地獄，社會主義是美好的，社會主義是天堂。資本主義是個垃圾箱，什麼壞東西都可往裡裝。但是寫到後來，回頭一看，自己確實有為資本家說話之嫌。然而開弓沒有回頭箭，既然說了就只得一直說下去。好歹我自認為自己說的都是真話、實話，而沒有什麼官方文章的虛話和假話。講到這裡，不免想起魯迅先生的《立論》這篇文章來，"說真話挨打"！這不免讓人感到毛骨悚然，不寒而慄。但是我的人生追求只想說真話，說真話是我做人的準則，至於這個真話是替誰而說的，客觀上起到什麼作用，也就不能考慮那麼多了。於是心裡一梗，就把馬克思的那句名言稍加改動便作為我的信條，"說自己的話，隨人家評去吧！"。

注：本書所有引用皆出於以下2本著作
1　《資本論1-3卷》郭大力、王亞南譯（上海三聯書店出版發行）
2　《資本論》縮略本，朱登編譯（北京聯合出版公司出版，2013年8月第一版）

第二篇

哲學批判

目錄

▌ 第一章　關於辯證唯物主義的辯證

一、關於存在

　　世界是物質的還是精神的，這一直都是哲學上兩大陣營——唯物主義者和唯心論者爭辯的焦點。唯物主義者認為世界是物質的，物質的世界是獨立於人們的意識而存在的，它的發生發展變化是不以人們意志為轉移的。而唯心主義則認為世界是精神的，絕對的精神是世界的本源，被認知的或能夠被認知的就是客觀存在的，不能被認知的是不存在的，存在就是合理的，反過來說不合理的事物就不會存在。

　　這二者的爭論其實是一個事物的兩個方面，各執一端，互相攻擊。用老子"有"和"無"理解這一問題，非常容易就清楚明白了。老子《道德經》開篇："故常無欲也以觀其眇，常有欲也以觀其所徼。無名天地之始也，有名天地之母也"。唯物主義者是用有的觀點看世界，因此他們看到的是世界萬象，形形色色的大千世界。但是他們不能回答這"有"的大千世界，形形色色的物質是從哪裡來的，又會通過怎樣的發展變化而消亡。老子用唯心主義的觀點回答了這一問題，即一切都是從無中來，又到無中去。因此從有的方面看世界就是唯物主義，從無的方面看世界就形成唯心主義。

　　我買了一輛小轎車，這是一個"有"。這個轎車有它的外形、品牌、功能等可以被我們看到、摸到、感覺到。這一具體事物就是可以為我們所認知的。但是我們更進一步思考，這汽車是從哪裡來的？回答是製造商製造的。再問用什麼造的？鋼鐵、橡膠等製成的零部件組裝成的。而這鋼鐵又是怎麼產生的？低碳鋼五大主要化學元素"碳、錳、硅、硫、磷"在高溫下煉燒的組合。而碳這個元素又是怎麼產生的？由此深追下去，越來越深奧，越來越難懂。一開始的問題，大家都明白，後來的問題，具備一定的專業知識的人才能明白，再到後來，只有哲學家通過思辨才能明白……

　　可見這個轎車本來是不存在的，也就是說它是無中生有的。用這種方法推廣開去，去分析一個建築物，一草一木，山川河流，直至我們人本身，包括整個宇宙都是從無產生的。因此世界的本源是"無"，一切的一切都來源於無，都是無中生有，這一認識論體現在佛家思想中就是色和空。色是大千世界，代表有；空是世界本源，代表無。世間一切都是從無中來，又到無中去。"身是菩提樹，心如明鏡台，常常勤拂拭，莫叫染塵埃"，這是唯物主義認識論。"菩提本無樹，明鏡亦非台，本來無一物，何處染塵埃"，這是唯心主義認識論。結果老和尚把衣缽傳給了唯心主義者慧能。唯物主義者只看到有的一面，看不到無的一面，他們停留在事物的表面，以有的眼光看世界，說世界是物質的。唯心主義者追本溯源，發現這個物質的世界都是從無中產生的，原來都是沒有的。怎麼來的呢？上帝創造的，當然這個上帝指的不是神，是一種超自然的力量。牛頓在研究萬有引力時，追本溯源，得出第一推動力是上帝所為。可見唯物主義是以有限的眼光看世界，唯心主義則是以無限看世界，唯物主義是平面看世界，唯心主義是立體看世界。

　　以上分析的是從哪裡來的問題，下面再看往哪裡去的問題。我剛買了那輛轎車，現在它是嶄新的，使用幾年後就會變舊，再過若干年後就會報廢，報廢之後的零部件被拆卸、回收、再利用，也許變成其它的物質，也許灰飛煙滅。無論最終的結果是否可以被追溯，無論爛掉還是被回收利用，作為我的這部汽車來說，它已經不存在，也是到無中去，從有又變成了無。用這種方法去分析一座建築，一山一水，直至我們每一個人，其終極結果都是無。我們從出生的那一天起，一天天成長，也就是一天天的走向墳墓。因此唯心主義者往往能把問題看得更深、更遠、更廣大、更奧妙。唯物主義者往往看到的是直接的、表面的、膚淺的物質表像。唯物主義只看到我們生的狀態，說我們生出來就是一個"存在"，且僅僅把這一存在看作大千世界中的一份子而存在。只看到這一存在的客觀性，看不到這一存在的暫時性、可變性（隨時都有死的可能）。唯心主義看到了生命的暫時性、可變性，但又無法掌握怎麼變化。限於一定歷史階段的自然環境、人文環境造成的生存條件和醫療條件，人的生命長度是有限的。人總是要死的，這是必然的，但人怎麼死，在什麼時間，什麼地點，什麼條件下，以什麼方式死去，這是不確定的，是或然的。唯心主義者看到的正是這種不確定性，因此才有宿命論，"生死有命，富貴在天"。人的壽命除了天災人禍外，其自然壽命也是受多種因素決定的（基因、生活條件、醫療水準、社會環境等等）。天災人禍，突發事件是人不可左右的，無法預見的，就是自然壽命也是人們自身無法支配的。善養生者未必長壽。正是這種不確定性，我們的主觀能動性才有發揮作用的空間。然而這種主觀能動性的空間是極其有限的，比如基因，這是父母給的，是沒法改變的，這種不可改變、不可把握、不可控制的現象，是宿命論的基礎，這是唯心主義認識論的合理的一面，也就是不可知論的合理的一面。人們的認知能力是有限的，而面對要認知的世界是無限的，因為無論到什麼時候總有沒被認知的客觀世界。另外人們在認知世界的時候總是限在某一時空中，立足於某個認知點而去認識世界，因此總有許多認識不到的事物。人類將來也會滅亡的，像恐龍一樣消滅在地球上。人類消失後地球會消失嗎？地球消失，宇宙會消失嗎？當人類不在的時候，何談人類再去認知世界。因此，世界總是有不可知之處。

　　歸結一句話，從有限的世界來說，世界是可知的，從無限的世界來說，世界是不可知的，這又是一個事物的兩個方面。可知論和不可知論不是根本對立的，是馬克思及其徒子們把它們對立起來，並把這種即可知由不可知的認識論，定義為唯心主義的二元論，這是極其錯誤的。但是當我說"極其錯誤的時候"，也許我就是極其錯誤的。"子非魚，安知魚之樂"，"子非我，安知我不知魚之樂"。

　　馬克思的哲學，是唯物主義的哲學，他說明了世界是物質的，但物質的世界是從哪裡來的，他沒有回答，或者說回避了這一問題。如果他回答，就會得出物質的世界是從無中來，一切的一切本源都是無，這無中生有是誰的作用？回答只能是上帝，這就陷入唯心主義。在馬克思的認識論裡，世界是物質的就是物質的，這物質世界的來源是不用考慮的，是自然形成的。這自然生成又是誰的作用？你們自己去揣摩吧。

根據宇宙大爆炸的理論假設，宇宙源於一次大爆炸。如果這一理論假設成立，整個宇宙都是從無到有的，包括人類本身。

二、關於物質和精神的決定性問題

馬克思主義認為：物質是第一性的，精神是第二性的，物質決定精神，存在決定意識。這也是唯物主義的精髓。唯心主義則認為萬物皆備於我，我思故我在，思想支配行動。意識不僅認知世界，也可以改變世界，支配世界。這又是一個事物的兩個方面，使人們在認識世界、改造世界、支配世界的活動中產生的兩種觀點，這兩種觀點也是一個事物的正反兩面。

從有限的物質世界來說，即從絕對的時間空間範圍內，我們通過感官觀察到、感受到、認識到的是一些形形色色的具體事物，樹木、花草、蟲魚、天地萬物，由此我們知道花的芬芳，海的浩瀚。從這點來說物質決定精神，存在決定意識。但是物質的存在是依託於一定的時間和空間而存在的，人們認識世界總是立足于一定的時空當中，人們不可能兩次踏入同一條河流，為什麼？因為第二次踏入的河流因時間地點的變化而變化。因為時間是一維的，不可逆轉的，流水一去不復返。"年年歲歲花相似，歲歲年年人不同。"同樣是花，可以讓人喜，也可以讓人悲，可以讓人樂，也可以讓人愁。為什麼會有"情人眼裡出西施"，還有

"望梅止渴"的故事。這些都表明精神可以改變物質，精神決定物質。為什麼一定要說物質是第一性的，精神是第二性的，精神決定物質呢？

　　我們這個大千世界，在成人看來那麼豐富多彩，世間萬物變化隱藏那麼多的道理和自然規律。但是對一個初生嬰兒來說，這個大千世界尚沒被他所認知，因此大千世界對他來說就沒有存在意義，他的喜怒哀樂不受這種外部世界的任何影響，哭笑、拉尿順其自然，不受約束，他的"精神"不受"物質"的限制。當他逐漸長大，慢慢認知世界，產生了自己的思想、感情、倫理道德。如果他沒有精神，這大千世界，社會規範，他就沒法去感知，去認識。他在特定的時空範圍內，在具體的生存環境中逐漸形成了他的世界觀、人生觀、價值觀，於是社會就出現了不同層次的人群，一部分人成為社會精英，一部分人成為普通人，人們結合起來就形成社會，人們的行動時刻都在創造或改造著社會。這種創造和改造社會的行動就是精神決定物質，意識決定存在的具體表現。但是面對這一現象，馬克思把它稱作精神對物質的反作用，也就是意識對存在的反作用。這是馬克思辯證法，遇到所有類似問題，他都會以這個反作用來解釋，諸如生產力和生產關係，經濟基礎和上層建築等等。

　　什麼是反作用呢？從力學角度來說，作用力與反作用力是在絕對的時間和空間內，相對運動的一方對相對靜止的一方而言的，並且在平衡狀態下，作用力等於反作用力。如果跳開這個絕對的時間和空間，用廣義相對論來討論，就不存在作用力與反作用力。

　　馬克思所謂的精神對物質的反作用，也是站在一個靜止的平面上，在一個絕對的時空內，從矛盾的一面對矛盾的另一方面的描述和認識。如果換個方位，反作用就是正作用。這兩種作用本來是沒有主次之分的，就看你站在哪一邊看。在一定的時空範圍內物質決定精神，而在另一個時空範圍內精神決定物質；在一定的環境條件下存在決定意識，而在另一環境和條件下意識決定存在。這不是二元論，而是一元之中的兩個論，是一個事物的兩個方面。

　　歷史上偉大的哲學家，亞里斯多德，康德，費爾巴哈、黑格爾，笛卡爾，中國的孔孟，老莊，程朱，他們誰也不知道自己是唯心主義者還是唯物主義者，他們根據自己對世界的感知，通過思辨形成自己的哲學觀點，有了自己獨立的思考，他們從來不考慮自己是什麼學派，是什麼主義者，是我們後人把他們貼上了唯心主義和唯物主義的標籤。一個人的思想往往是複雜的、多面的，何況是一個大的思想家。思想家的思想也應該是複雜的，多面的，正確的，謬誤的，或者在一定的時空內是正確的，而在另一個時空內可能就是錯誤的。為什麼一定要給他們貼上一個唯心主義或唯物主義的標籤呢？對任何一個哲學家、一個思想家都用唯心主義和唯物主義這個尺度去評判，非此即彼，這本身就是簡單粗暴的。

　　如果一定要用唯物主義和唯心主義的標籤去給哲學家分類，那麼這個標籤也應該是中性的，不存在誰高誰低，誰對誰錯，誰正確誰謬誤的問題，這二者僅僅是看世界的角度不同而已。

　　馬克思以及他的徒子們把他的認識論定義為唯物論，把他的辨證法定義為方法論。也就是說他的認識論是唯物主義的，他的方法論是唯心主義的。認識論是解決世界的本源問題，方法論是認識世界的方法問題。就像我們要搞清楚水是什麼物質的問題一樣，用的方法是化學分解，分解後的分子是H_2O，這H_2O是本源，化學分解是方法。在一定的時空內通過化學分解，找到了水的本源。而馬克思的唯物辯證法，則首先確定世界的本源的認識論，然後加上辯證法的方法論，就像是已知道了水的本源是H_2O，何必再用化學分解的方法去分析試驗呢？

認識世界觀察世界都離不開一定的方法，這種方法就是德國的黑格爾的辯證法和中國古代老子認識世界的方法。這種方法除了觀察實驗、考察外，就是靠人的思辨，這種思辨必然是主觀的，是因人而異的。因此這種思辨的分析問題的方法，就是用心去想，或者說用大腦去想，這種思辨必然帶著唯心主義色彩。

再看一個例子，先有蛋還是先有雞？用馬克思的認識論，即世界是物質的，永遠解決不了這個命題。因為馬克思沒告訴我們物質的世界是從哪裡來，是怎麼產生的。而用老子的哲學，早就解決了這個問題，蛋也好雞也好，一切都是從無中來的，不存在誰先誰後的問題。雞也好蛋也好，作為獨自的生命體，都是從無中來，又都要向無中去，作為一類生物，最終也是要滅亡的。"有"是暫時的，有條件的，"無"是絕對的，無條件的。存在是暫時的，有條件的，虛無才是絕對的，無條件的。

我看到、聽到、感知到的存在，對我是有意義的，我沒有看到、聽到、感知到的存在，對我毫無意義。身外之物對我毫無意義，心外之物對我毫無意義。這些經典的唯心主義思想，難道不是正確的認識論嗎？

關於運動，世界是普遍聯繫的，是運動、發展、變化的，運動是物質存在的形式。一個汽車停在一個停車場裡，在這個特定的時間空間範圍內，它是靜止的，相對於這個停車場來說是靜止的。但是地球是運動的，是在自轉和圍繞太陽進行公轉的，這輛停在停車場的汽車也在隨著地球的運動而運動，在這樣的空間和時間範圍內，這輛車又是運動的。再換個空間，在太陽系裡來觀察這個汽車，它又是"固定"在地球上的，因此，又可以說它是靜止的。

運動和靜止是相對於一定的時間和空間而說的，這個具體的時間和空間就是某事物所處的特定條件，以及觀察、分析、理解某事物的條件，離開這個具體條件，就無從談起。唯物主義和辯證法分析問題所針對的時空範圍不一樣。我能看到的這輛車是停在停車場上，這是我能親眼看到的，它是靜止的，這是事實，這就是唯物論。但如果我去思辨，根據我所掌握的知識，我知道地球是在不停運動的，因此這輛停著的汽車也在跟著地球的運動而運動，這是我的思辨，不是我能目睹的，當然如從太空中看地球，也許就不可看到這輛車的運動，這是辯證法。唯物論和辨證法分析同一問題採用的方法不同，所參照的時空範圍不同，也就是說二者分析問題不在一個層面上，因此唯物論就是唯物論，辯證法就是辯證法，這二者沒法結合，也不需要結合。當用唯物論分析問題時，自然會拋棄辯證法，當用辯證法分析問題時，也自然放棄唯物論。

三、過去、現在和未來

馬克思生於1818年，死於1883年，這是客觀存在。太陽系有九大行星，地球是其中之一，這是客觀存在。然而這種客觀存在的基礎是在一定的時間空間內，也就是已經發生過的和已經被認知的事物，我們才能確定它的客觀存在。對於將來未發生的或者未被認知的事情，我們能夠確定它的客觀存在嗎？顯然不能。一個健康的活人，我們能夠預見他什麼時間、什麼地點、以什麼方式死去嗎？不能。在現在的認知水準上，太陽系還有其他恒星嗎？宇宙還有類似太陽系的天體嗎？這些未發生的事或者未被認知的事物，我們當然不能確定它的存在。這裡有可能本來是存在的但尚未被我們認知，也有可能本來就不存在，或者隨著時間和空間的變化，不存在的變成了存在。未來可知嗎？可知，這是唯物主義者的回答；不可知，這是唯心主義者的回答。對某個活著的人來說，按照現在的認知水準，可以說他一百年後會死去，這就是可知論者或者說唯物論者能夠預見的。但隨著科技進步，或其他條件的變化，人的平均壽命如果將來達到了150歲，那麼這個預見還靈驗嗎？另外某人以什麼方式死去，死在哪裡，可以預測嗎？顯然不可預測。沒發生的事情會不會發生，以什麼方式發生？顯然是今天的人們沒法預測的，這就是不可知論，或者叫它唯心論者的觀點。因此用唯物主義看過去，那是正確的，用唯心主義看未來，那也是正確的。這裡其實就是一個時空問題，也就是看問題的參照物或座標點的問題，下面看個生活中的事例：

　　我於2013年8月23號由合肥去西安，遇到飛機延誤，安檢後在機場候機區等了6個小時，上了飛機又憋在飛機裡兩個小時，加上路程2個小時，共用了10個小時。本該當天到達，結果第二天才到。我是提前10天定的機票，我在訂機票時無法知道飛機會這麼晚點。因為想快才乘坐飛機，結果不快反而慢。我要知道會這麼晚點，就不會選擇這個航班。我想任何人也不可能知道10天后的航班是否會延誤，這就是未來的不可知。

　　更糟的是，因為晚到而沒趕上一個會議，又因為沒趕上這個會議而失去幾百萬的商機，這就是連鎖反應，也就是哲學上的變化發展，因果關係，普遍聯繫。晚點，對於正點來說，本是不該存在的，但它確實發生了，就自然有其原因，天氣、空中管制、飛機調配等等，這個原因只能事後才知道，對此事的影響也只能事後分析，在事前是沒法掌控的。我們能做的只是儘量減少它的負面影響。這幾百萬的損失可謂大矣！然而要避免這一現象，安排時間就該提前一天，也就是計畫留有餘地。但是，當時就是走不開才這麼趕時間的，要是準備用兩天時間去西安，那就不如坐火車了。人的選擇都是受一定的客觀條件限制的，這是唯物主義的客觀決定論，但是面對同樣的客觀條件，不同的人可以做出不同的選擇，其實當時我也可以選擇別的交通工具，這是唯心主義的主觀決定論。這個主觀決定論在馬克思那裡被稱作主觀能動性。這個主觀能動性還是建立在當時的客觀條件基礎上的，這就是馬克思的唯物辯證法。這無形中就把兩個認識論上的問題（存在決定意識，還是意識決定存在），說成一個問題，把認識論中的一方面說成唯物論（存在決定意識），把另一方面

（意識決定存在）說成辯證法，而馬克思的辯證法又只是方法論，把認識論的問題歸結為辯證法，這就是辯證唯物主義的自身邏輯矛盾。

我們中國人自幼就知道太陽從東方升起，落於西方，這是祖先一代代傳下來的，這個存在也是客觀事實，這個認識過程是先有存在後有意識。但美國人會這麼看嗎？太陽從它出來的地方出來，這個地方後人定為東方還是西方，那是意識問題，就其存在來說，"太陽從它升起的地方升起"，這是客觀存在，但這個概念等於什麼都沒說，也就是說它是一句空話。當人們有了東西南北的方位概念後，才把升起太陽的地方定義為東方，但由於人們所處的空間不同，這個東方和西方的概念就是意識決定存在。中國人稱為東方的那個地方，對美國人來說就是西方，當然美國人也可以把太陽升起的地方稱為東方，然而美國人的東方和中國人的東方則不是同一個地方。

再舉個真實的例子，我在2013年國慶放假期內，哪兒也不想去，就想在家休息。可是憋了幾天，於3號的下午四點半鐘，還是去合肥的四牌樓買了點東西。不幸的是，在回來的路上，從我身後飛快的過來一輛電動車，我躲閃不及，就被撞傷了腿，正所謂人有旦夕禍福。這事就是在特定的時空內，在一個特定的具體條件下發生的。事後分析，我如果呆在家裡，就不會發生這種事，即便出去，不走那條路也不會出這種事，不在那個特定的時間，不碰到那麼特定的騎車人，也不會發生這件事。但這些只能是事後的分析，在事前我是沒法預料的，要是能夠預見，我肯定會躲過這一劫的。

　　這再次說明，昨天的事是確定的，是客觀存在，是可以認知的。而明天的事是不確定的，是不可預見的。說到這裡馬上就會有人提出，太陽早上從東方升起，晚上從西方落去，這個事情是明天可以預見的。但是我要說，這是你站在東半球這個空間內，而站在西半球看日出日落，就不是這樣了。另外，如果碰到不好的天氣，是看不到太陽的。因此明天是否能看到太陽，那是或然的，而對一個具體的人來說，今天活著明天也許會突然死去，那樣一來，整個世界對他就毫無意義了，何談日出日落呢？

　　正是這個邏輯矛盾的存在，我們在一定的時空範圍內，分析一個具體事件時，要麼用唯物論，要麼用辯證法（即唯心主義認識論），從概念出發。不可能同時既用唯物論又用辯證法去分析、預測、決策同一個問題，因此唯物辯證法或者說辯證唯物主義是個不具備實踐價值的理論體系，是偽科學的。

　　正是這個認識論的錯誤，馬克思把未知當已知，自認為掌握了社會發展的規律，給我們劃了社會主義的藍圖，預見了無產階級是資產階級的掘墓人，作出了共產主義一定會在全人類實現的結論。現在，我們作為後人看到了東德、前蘇聯、中國、朝鮮等所謂的社會主義國家，這個體制不但沒給人們帶來幸福，反而造成了數不清的災難。對這些已經存在的社會主義國家，要麼不承認他是社會主義，這樣馬克思的社會主義就是個烏托邦的空想，是不具備實踐價值的空中樓閣。要麼承認他是社會主義，但這樣的社會主義比資本主義還落後，這是不符合他的歷史唯物主義觀點的。這裡只是討論哲學問題，對馬克思社會主義理論的批判，將另行論述。

四、辯證唯物主義的實踐檢驗

　　毛澤東是中國的馬克思主義者，按他自己說他是徹底的唯物主義者。這可以從他的《實踐論》這篇文章中看到他的確是唯物主義者。"人的正確思想是從哪裡來的？是從天上掉下來的嗎？不是。是人們頭腦中固有的嗎？也不是。人的正確思想只能從實踐中來。"這句話很淺顯而又精確的點名了唯物主義的認識論，即世界是物質的，物質是第一性的，精神是第二性的，是存在決定意識。但是我們再看他的另一面，"人定勝天"、"跑步進入共產主義"、"趕英超美"、"大躍進"等等，這些言論和行動就是典型的主觀唯心主義。毛澤東在作出這些言論和行動的時候，早忘了他的《實踐論》，也把他自己總結的實事求是這個辯證唯物主義的精髓丟掉了腦後。這是為什麼呢？這不是他個人的錯誤，馬克思後來的馬克思主義者們也都或多或少的犯過同樣的錯誤，這是因為馬克思的辯證唯物主義不具備可操作性，也就是說不具備實踐價值。在一個特定的時空內，面對某一個特定問題的解答，要麼用唯物論，要麼用辯證法（這個辯證法僅僅指存在和意識關係上的辯證法，即認識論上的辯證法），不可能既用唯物論又用辯證法，因為辯證法是唯心主義的認識論——這裡說的僅僅是作為認識論的辯證法，對於方法論的辯證法，如哲學上的對立統一、量變質變、否定之否定律等這些哲學上的規律是方法論，它闡述的是事物的存在及其發展和變化的規律問題，不是存在和意識的關係問題。

　　毛澤東的"論十大關係"是運用辯證唯物主義解決問題的典範，集中表現就是針對矛盾雙方，既要一面又要另一面，既要馬兒跑，又要馬兒不吃草，面對當時的經濟建設的根本問題，在這篇文章中都說到了，也就是都解決了。但是從實踐看，他只不過是說了一大堆空話，其結果是什麼問題也沒解決。也許有人會說那是他的執行者們沒理解他的思想，沒能按照他的"十大關係"去分析解決問題。這樣說也不錯，因為他的這篇文章本身就不具備可操作性，不具備實踐價值。

　　這也不是毛澤東的錯，是他老師馬克思的錯，馬克思的辯證唯物主義本身就只是一個理論，可以說到，但是做不到。而從理論指導實踐來說，不能實踐的理論，再好也是沒用的。"理論指導實踐"本身就是一個"精神決定物質"的認識論，而這樣的認識論又正是唯心主義的認識論。馬克思主義者對唯心主義是持否定態度的，這又是其自身的一個矛盾。

▎第二章　哲學的空集

　　辯證唯物主義是馬克思創立的，是馬克思主義理論的重要組成部分，也是馬克思主義的全部理論基礎，多年來一直被經典理論家視為至高無上的理論頂峰。然而隨著歷史的發展，科學的進步，辯證唯物主義越來越明顯的暴露出其理論缺陷，歷史的實踐迫使我們進一步思考這一理論的真偽。

　　唯物主義認為：世界是物質的，物質的世界是獨立於人們意識之外，不以人們意志為轉移的；在思維和存在的關係問題上，唯物論認為存在是第一性的，思維是第二性的，意識是客觀存在在人們頭腦中的反映，物質決定意識，存在決定思維。

　　辯證法是關於聯繫和發展的科學，辯證法認為世界上的事物都是普遍聯繫和無限發展的；每一事物的內部的各部分也是相互聯繫、相互制約的；任何一個事物總是和周圍的其他事物相互聯繫、相互制約的，世界就是由無數相互聯繫、相互制約的事物構成的統一體。辯證法把自然界、人類歷史和精神世界描述為一個不斷運動、發展、變化的過程。

　　馬克思在繼承前人的基礎上，吸收了費爾巴哈哲學的唯物論和黑格爾哲學中的辯證法思想，並把這二者結合在一起，便形成了他的辯證唯物主義。拿這種方法去分析、總結人類歷史，就形成了歷史唯物主義。

我們知道唯物主義回答的是哲學的基本問題，即世界是什麼？是物質的還是精神的；物質和精神的關係怎樣？誰是第一性的，誰是第二性的，是物質決定精神還是精神決定物質。因為對這一基本問題的看法不同，便形成了唯物主義者和唯心主義者。這是屬於認識論的範疇，解決的是世界本源的問題。而辯證法描述的是認識世界的方法，屬於方法論的範疇，它解決的是認識世界的方法問題。唯物論和辯證法不是一個範疇的東西，根本沒法結合在一起。而馬克思的唯物辯證法企圖把它們結合起來，這就形成了哲學上的空集，這一哲學思想其實是不存在的，這裡我們借用數學術語，因為唯物論和辯證法二者沒有公共部分，因此它們結合起來沒有交集，就是空集。這好比豬與羊這兩種動物，它們各有各自的特徵，在分別描述它們各自的特徵時，都是正確的，而一旦把它們二者結合起來，形成豬的羊或羊的豬，這樣的動物就是不存在的，是動物界的空集。

唯物論遵循的思想規律是形式邏輯，辯證法遵循的思維規律是辯證邏輯，在邏輯學上二者也不是一個範疇。形式邏輯和辯證邏輯所描述的思維規律和思維方法，在它們各自的範圍內都是正確的，而如果把它們結合在一起就是邏輯學上的空集，是思維規律的混亂。現在我們就從以下幾個方面來探討這一問題。

首先，唯物論和辨證法看問題的角度不同，"人不能兩次踏進同一條河流"這句名言，從辯證法的角度看是正確的，因為世界是不斷變化的，又是無限發展的。但從唯物論的角度看，這句話就是錯誤的。毛澤東三次橫渡長江，前後相隔幾十年，誰說他遊的不是同一條河——長江。

馬克思生於1818年5月5日，這是絕對真理，是客觀存在，唯物主義的認識論只能這麼認為。而要說馬克思死於1818年5月5日，這就是假的，是違背唯物論的認識論的，也是不合實際的。但從辯證法的角度看，這句話同時也是正確的，因為生與死是對立統一的，生就意味著死，有生就有死，從生的那一天開始，也就是死的開始。如果我們把二者結合起來說馬克思生於1818年5月5日，同時也死於1818年5月5日，這就是哲學上的空集，它表示的概念是馬克思一生下來就死了，根本沒在世界上存在過，那麼他的幾十年生命運動就是根本不存在的，這顯然是很荒謬的。

其次，唯物論和辯證法看問題的時空不同，"塞翁失馬"，禍兮、福兮？站在唯物主義的立場上，從失馬之時看，丟了馬就是禍而不是福。但從辯證法的觀點看，從發展變化的時空看，塞翁失馬也是福，因為後來他又因失馬而得馬。然而失馬和得馬不是在同一時空內，可見對同一事件，因為時空不同了，福禍才有了變化。而在同一時空裡，福就是福，禍就是禍，決不能認為福就是禍，禍就是福。在這裡，對"塞翁失馬"是福是禍的問題，因看問題的時空不同或者方法不同而不同。

我說我的房間裡有一張書桌，當今世界有七大洲四大洋。從唯物主義立場看，我房間裡就是有一張書桌，世界上就是有七大洲四大洋，這就是客觀存在，是絕對真理；但從辯證法的觀點看，有就是無，無便是有，有寓於無，無寓於有，我這裡兩年前還是一片農田，連房子都沒有，哪來書桌，億萬年前世界荒蕪一片，何來洲洋之說，再過若干年，我這所房子又可能化為烏有。

從這裡我們又可以看出唯物論和辯證法看待問題的時空是不一致的。而在同一時間，同一空間，同一條件下，對同一事物只能有一種認識，有就是有，無就是無。

第三，唯物論和辯證法看問題的方位不同。一輛汽車停在馬路上，我們說那輛汽車是靜止的，這一認識符合唯物論，反映了客觀存在。但我們也可以說那輛汽車是運動的，這符合辯證法的思想，因為地球本身是在不停地運動中。那麼誰是正確的呢？站在不同的方位看，這兩種認識都是正確的。如果站在同一方位，從汽車相對於地面而言，那汽車就是靜止的，不是運動的，你要說它是運動的，你看問題的方位已經變了，否則你就是說假話。如果從地球的自轉和相對太陽的公轉而言，那輛汽車就是運動的，當然也是正確的。可見在同一時空，同一方位中，看待某一種事物的狀態只能是一個，或者是運動的，或者是靜止的，不能說它既是靜止的又是運動的，要說它既是靜止的又是運動的，二者結合起來就是認識上的空集。

我們常說“好”與“壞”是相對的，沒有絕對的好也沒有絕對的壞，這是從辯證法的角度看問題的。從唯物論的觀點看，站在一定的立場，針對某一具體事物，要麼是“壞”的，要麼是“好”的，二者必居其一。再者當我們說“好”與“壞”時，總得遵守一個客觀標準，用物理學的觀點說總得有一個參照物，否則就沒法衡量一個事物的好與壞。

我們常說的好事可以變成壞事，壞事也可以變成好事。用聯繫和發展變化的眼光看，這是符合辯證法思想的，是正確的。但在同一事件，同一時間，同一地點，站在同一個角度看待某事

件，好事就是好事，壞事就是壞事，一件事情絕不可能既是好事
又是壞事。

　　兩點論是毛澤東對辯證法的形象概括，就是說看問題既要
看正面，又要看反面。但在同一時空中，我們所處的方位是一定
的，只能夠看到事物的一個方面，而不可能兩面同時都看到，比
如說：這只盒子一面是黑色的，一面是白色的，我在這裡所能看
到的只能是一個方面，或者是黑色的，或者是白色的。要看到另
一方面，或是改變我的立場（方位），或者是改變那盒子的位置
（讓它反過來），不然我要說這只盒子既是黑色的又是白色的，
這就是認識上的空集。

　　形式邏輯的思維規律認為：一事物黑的就是黑的，白的就是
白的；真的就是真的，假的就是假的；對的就是對的，錯的就是
錯的。而辯證邏輯的思維規律則認為黑的也是白的，白的也是黑
的；真的也是假的，假的也是真的；對的也是錯的，錯的也是對
的。如果把這兩種思維結合在一起，只能是邏輯的混亂，思維的
糊塗，是精神病患者。

　　第四，唯物論和辯證法看問題的條件不同。唯物論認為物
質是第一性的，精神是第二性的，物質決定精神。像"愛情"，它
是屬於精神，是第二性的，是由物質（既包括兩性雙方的自然條
件——德、才、學、識、貌，也包括兩性雙方的社會條件——錢
財、身份、名譽、地位等）決定的。沒有這一定的物質條件是不
可能產生"愛情"這種精神產物的。但辯證法認為精神對物質又具
有一定的反作用，兩性之間一旦產生愛情，即使是"物質"條件發
生了驟變，仍然可以保持愛情，甚至可以愛的更加熱烈。對於

"愛情"這一事物的這兩種認識無疑都是正確的。但我們再仔細辯析一下就發現，這兩種認識，看問題的條件或者立場已經發生了變化。這裡的愛情（精神）對物質起反作用時，已經加上了"已經有了愛情"這樣的條件。在"沒有愛情"的條件下，反作用就根本談不上。可見我們在講精神對物質的反作用時，所取的條件已經發生了變化，同講物質決定精神所取的條件不同了。

第五，唯物論和辯證法看問題的方法不同。種子就是種子，禾苗就是禾苗，這是唯物主義的認識論。我們也可以說種子就是禾苗，禾苗就是種子，種子是將來的禾苗，禾苗是過去的種子，這就是辯證法。這兩種認識因為看問題的方法不同，時空不同，不是同一範疇，所以分別說都是正確的。而我們面對同一粒豆籽，只能說它是種子，不能說他是禾苗，反過來我們面對同一棵禾苗則必須說它是禾苗，而不能說它是種子。在這某一特定的狀態中，我們只能取其一。

要使雞蛋孵成小雞必須具備兩個條件，即內因（有生命的雞蛋）和外因（一定的溫度和時間）。首先我們可以說"雞蛋不是小雞"，在不具備以上條件時，這是唯物論，但我們也可以說"雞蛋就是小雞"，在具備以上條件時，這是辯證法。分開說都是正確的，這二者的區別在於看問題的方法是不同的。

我們說"客觀規律支配著人們的行動"，這是唯物論；同時我們也可以說"人定勝天"，這是辯證法。當我們走到街上突然遇到一場暴雨，沒帶雨具就要挨淋，我們沒法"勝天"；當預先得到天氣預報，帶了雨具，就不挨淋，我們就"勝了天"。儘管如此我們也不能不讓老天下雨。這再次說明二者看問題的方法不同，所取的條件不同。

　　"人有多大膽，地有多大產"這樣的認識淪陷入了唯心主義的泥坑裡，也與辯證唯物論這一理論缺陷有一定聯繫。

　　總之，唯物論和辯證法認識事物時所取得的立場、觀點、角度、方法、時空等不同，所以才有不同的結論。"蓋將自其變者而觀之，則天地曾不能以一瞬，自其不變而觀之，則物與我皆無盡也。"而在同一條件下，只能承認一方面，接受一個觀點，二者都承認就是認識上的空白。

　　正因為唯物辯證法是哲學上的空集，所以在實踐中，任何一位所謂的馬克思主義者，包括馬克思本人都沒能真正的掌握住它。

　　馬克思在他的政治經濟學中，站在工人階級的立場，所以他的勞動價值論只承認勞動的主體方面（勞動者）的作用。而不承認勞動的客體（物化勞動——資本）的作用，所以才有他的剩餘價值論。在資本家同工人的關係上，馬克思只看到資本對勞動者的剝削（即矛盾鬥爭）的一面，而沒看到資本與勞動的聯繫（相互依存、相互制約）的一面；只看到資本家離不開工人，沒看到工人也離不開資本家；只看到資本家對工人的剝削關係，而沒看到他們在商品生產上的自由平等的交換關係。馬克思甚至連商業勞動都不承認，他認為商業資本家，信貸資本家和產業資本家剝削的都是產業工人的剩餘勞動，連商店的店員，銀行的職員吃的都是產業工人的剩餘價值。這顯然是錯誤的。（關於馬克思經濟學上的理論缺陷，將另行論述，這裡不多闡述）

　　"資本家離不開工人，工人也離不開資本家"這一認識才符合他的辯證法思想。但馬克思在分析具體問題時並沒有採取這樣的辯證觀點。這說明他的哲學思想連他自己也掌握不住。在同一時間內，站在同一個立場上對同一事物的分析要麼是唯物論，要麼是辯證法，而不可能既唯物又辯證。如果既唯物又辯證那就等於什麼也沒說。

馬克思在他的"科學社會主義"理論方面，接過空想社會主義者的理想原則，加上他自己的手段和方法——暴力革命，武裝奪取政權，實行無產階級專政，以便達到以暴力消滅暴力，以專政消滅專政，以強化國家機器來消滅國家機器的目的。實踐證明，正是他的手段葬送了他的目的，按照他的手段不可能達到他的目的。他的科學社會主義理論正是他的唯物辯證法的哲學思想的具體運用，但實際上這一理論卻是個空中樓閣，也就是空集。

列寧接過馬克思的科學社會主義思想，加以發展，認為社會主義可以在經濟不發達的國度裡取得勝利，即在資本主義勢力統治鏈條的薄弱環節首先取得勝利。這一認識符合馬克思的辯證唯物主義思想，也是馬克思主義的具體運用，但列寧所建立的社會主義，其實已經不是馬克思所設想的社會主義了。

列寧在蘇聯建立第一個社會主義政權以後，所要解決的最大問題就是社會主義是否存在商品經濟問題。要堅持社會主義的原則就要否定商品經濟，而要發展生產力就要搞商品經濟。按照辯證唯物主義的認識，當然是既要堅持社會主義，又要高速發展生產力。但是在當今的歷史發展階段，在這一特定的歷史條件下，要高速發展生產力就得搞商品經濟。所以才有"新經濟政策"，才有所謂的戰略上的退卻。而商品經濟又時刻吞噬著社會主義原則，所以"新經濟政策"很快又收回。

　　這再次說明在具體的條件下，在一定的時間、地點、範圍內，只能堅持一個方面而拋棄另一個方面。在同一時刻要麼用嘴去吃飯，要麼用嘴去說話。不能既用嘴吃飯又用嘴說話。辯證唯物論可以說既用嘴去吃飯，又用嘴去說話，但這二者卻不可能在同一時刻、同一條件下都存在。

　　毛澤東對馬克思主義的辯證唯物論又有許多新發展。他在理論上說的很明白，可做起來總是不盡人意。他的"論十大關係"一文中對農業、輕工業、重工業的經濟關係論述得很透徹，而他在實踐中總是顛倒過來變成重、輕、農。他的"有成分論而不唯成分論"也是辯證唯物論的具體運用，但在實踐上卻一直在搞階級鬥爭擴大化。把地主、富農一直當階級敵人對待。他的既反"左"傾又反"右"傾的思想也是辯證唯物主義思想的結晶，但這個"左"和"右"常常是以他自己的認識作為參照系的。劉少奇的"責任田"，毛澤東就認為是右傾，是資本主義復辟，劉少奇用市場經濟的方法去發展生產，被毛澤東批為唯生產力論。毛澤東歷來主張既要發展生產力又不搞唯生產力論，這也是辯證唯物主義的思想觀，但他在具體實踐中從來就沒能掌握住發展生產力與唯生產力論的關係和界限。因為二者不是同一範疇的東西，結合起來就是思想的空白，在具體的時間、地點、條件下，或者發展生產力搞唯生產力論，或者是政治掛帥，輕視或放棄發展生產力，二者只能擇其一，不可兼得。

　　唯物論認為生產力決定生產關係，辯證法認為生產關係對生產力具有反作用。站在一定的立場、觀點去分析某一具體問題時，承認一點就必須否認另一點。要承認生產力決定生產關係，就必須承認社會主義一定要建立在高度發達的經濟基礎上，貧困落後的生產力上建立不成社會主義；而要承認生產關係對生產力的反作用，就得承認貧困落後的基礎上也照樣可以建立社會主義。馬克思承認前者而否認後者，列寧、毛澤東承認後者而否認前者。他們都是馬克思主義者，都是辯證唯物論的理論大師，但對待這一具體問題，沒一個能真正運用辯證唯物論。然而他們在理論上都既承認生產力決定生產關係，同時也承認生產關係對生產力的反作用。這樣的理論在同一立場、同一觀點、同一條件下去分析同一個具體事物是根本用不上的，因為它是哲學上的空集。

當前的一個理論矛盾是，要承認生產力決定生產關係就必須承認社會主義搞早了，改革就是補資本主義的課；要承認生產關係對生產力的反作用，就得承認落後的生產力基礎上也可以建成社會主義，二者必居其一，決不允許用辯證唯物主義的觀點模棱兩可，或者二者都承認。

正是在辯證唯物論的思想指導下，出現許多偽科學的理論思想。像"寧要社會主義的晚點，不要社會主義的正點"；"既要馬跑，又要馬兒不吃草"；"既要抓主要矛盾，又要抓次要矛盾"；"有計劃的商品經濟"；"人民民主專政""民主集中制"；"中國特色的社會主義"；還有"階級消滅了，階級鬥爭還存在"等等。所有這一切都是辯證唯物主義這一哲學思想指導下產生的思想理論怪胎。這些恰似既非牛又非馬的"馬的牛"、"牛的馬"的動物究竟是什麼樣的？起碼在當今社會中是不存在的。如果再發展下去，將來還會出現"社會主義的資本主義"、"資本主義的社會主義"、"人的狗"、"狗的人"這樣的思維產物。

　　商品經濟就是商品經濟，不存在社會主義和資本主義之分。社會主義就是社會主義，不存在中國式的或俄國式的，也不存在中國特色的社會主義。火車正點就是正點，晚點就是晚點，更不存在社會主義的或資本主義的之分。民主就是民主，集中就是集中，根本不存在所謂的"民主集中制"。共產黨的所謂"民主集中制"其實是只要集中不要民主。所謂"民主"僅僅是要民去幫助官出主意想辦法，是集中的需要，是集中的手段。文化大革命搞了民主便陷入了無政府狀態，國家機器失靈。

　　最後讓我們以這樣一個大家都很熟悉的寓言故事《駱駝和羊》來結束此文：

　　一天駱駝和羊一起來到一座園子前，園子裡面長著茂密的青草，園子有個小門露出很小的一個洞。羊一下子就鑽了進去，吃到了青草，而駱駝跪下去折騰半天也沒鑽進去。羊吃飽了，出來就對駱駝說："矮比高好"。他們一起再往前走，來到另一個園子跟前，這個園子四處無門，裡面長著茂密的樹木，翠綠的枝葉從牆上伸出來。駱駝仰起脖子便吃到了樹葉，而羊前腿趴在牆上，脖子伸的老長，跌了幾跤也沒吃到樹葉。於是駱駝就嘲笑羊的個子矮，說："高比矮好"。羊還是堅持說"矮比高好"。他們爭論不休，各執己見，各有各的道理。聰明的牛聽到他們的爭論，就走上去說："你們不要爭論了，高和矮都好，各有各的好處。"這樣駱駝和羊就都沒話說了。

　　通過這個小故事，我們可以看到，駱駝站在自己（高個子）的立場說："高比矮好"，羊也站在自己（矮個子）的立場上說："矮比高好"。這都是事實的體驗，都是正確的。而牛說"高和矮各有各的好處"則喪失了立場，它一會站在駱駝的立場上說"高好"，一會又站在羊的立場上說"矮好"。它看似很正確，其實它等於什麼也沒說。因為針對某一具體事物來說，它的話根本不存在。在羊能鑽進門洞進入園子吃到青草這件事情上就是矮好，不是高好，更不是二者都好；在駱駝能仰起頭吃到伸出牆外面的樹葉這件事上就是高好，不是矮好，也不是高和矮都好。在任何一個具體場合都不存在高和矮都好這樣的事實。所以牛說的是漂亮的空話，他避開雙方矛盾，利用辯證邏輯去解釋駱駝和羊在形式邏輯上的爭論，但是它卻獲得了勝利，使駱駝和羊都滿意，這就是它的高明之處。當然對於牛的沒有立場的立場，我們也可以說他是個公正的第三方，但是如果這麼一說，我們說話的具體條件又發生了變化，也就是改變了我們的立場。

費爾巴哈站在唯物論的立場上說：黑的就是黑的，白的就是白的；真的就是真的，假的就是假的；有就是有，無就是無。黑格爾站在辯證法的立場上說：黑的就是白的，白的就是黑的；有就是無，無就是有；真就是假，假就是真。

馬克思站在雲端裡說：費爾巴哈是正確的，黑格爾也是正確的，他們都有合理的內核。我們要對他們的思想進行批判的繼承，即揚棄，吸取他們正確的精華，拋棄他們錯誤的糟粕。因此說費爾巴哈的"黑的就是黑的，白的就是白的"是正確的，因為符合形式邏輯；而黑格爾的"黑的就是白的，白的就是黑的"也是正確的，因為符合辯證邏輯。

這樣，馬克思等於什麼也沒說，因為形式邏輯和辯證邏輯不是一個範疇的東西。如果說把這兩者結合起來，就是邏輯的混

亂，思想的空白。因此聰明的老牛，其實是用最糊塗的思維平息
了駱駝和羊的爭論。馬克思也同樣是用最糊塗的思維解決了唯物
主義者和唯心主義者的爭論。

第三篇

科學社會主義批判
——論國家社會主義的破產

目錄

▌前言

　　本文使用了"國家社會主義"這個概念，是不得已而為之。所謂國家社會主義，就是國家主義和社會主義複合而成的一個概念。翻開歷史，形形色色的社會主義塞目貫耳、眼花繚亂，關於社會主義能用的詞彙似乎都被用過了。首先它曾被希特勒使用過，只不過希特勒的國家社會主義還是一個理論，或者說只是希特勒的理想，他試圖將一個政治上法西斯專政的國家加上經濟上的國有化，對民眾從經濟到政治，從柴米油鹽到生老病死集中統控的一個理想社會稱作國家社會主義，而實現這一理想的方法和手段，就是暴力和戰爭。由此引起世界大戰，國家社會主義的理論也隨戰火而焚毀。但是希特勒沒有實現的理想被列寧和史達林實現了，方法和手段同樣是戰爭和暴力，即十月革命。中國也實現了國家社會主義，同樣靠的是戰爭和暴力革命。這個暴力革命成功之後，建立了國家社會主義。但是馬克思、恩格斯、列寧、斯大林、毛澤東這些領袖們不把它叫做國家社會主義，而叫做無產階級專政的國家，或是乾脆就叫社會主義社會，以便與希特勒的國家社會主義、歐洲的民主社會主義等等區分開來，並且自標為是最正統的社會主義。通過本文的分析我們可以看到，直到目前為止，世界上出現的所有社會主義的國家都是國家社會主義，因為都具備國家社會主義的政治經濟特徵，而北歐的民主社會主義則是社會主義的另外一個模式，但是我們始終不把北歐的民主社會主義視為社會主義，一直認為他們是改良的社會主義，是違反了馬克思主義理論的社會主義。只有蘇聯、中國、朝鮮這樣的國家社會主義才叫社會主義，才是馬克思主義的社會主義。

我使用國家社會主義這個概念是受了一本書的啟迪，這本書是蘇聯人寫的，書名叫做《國家社會主義的政治和經濟特徵》。經過我的分析和研究，這種列寧建立的、史達林鞏固的、毛澤東效法的社會主義模式，無論是在政治上還是在經濟上都與希特勒的國家社會主義有過之而無不及，也就是說希特勒沒有實現的國家社會主義在列寧、史達林和毛澤東的領導下，通過暴力革命終於實現了。但是其必然是短命的，因為它完全違背了人類社會發展的自然規律。靠暴力取得的政權必然要靠暴力維護，而靠暴力維護的政權是不可能長久的。

正因為自詡為社會主義國家的蘇聯和中國不是馬克思主義的社會主義或說不是《共產黨宣言》闡述的社會主義國家。馬克思的社會主義是人民當家作主的，是一個自由人的聯合體，無產階級專政的國家僅僅是一個過渡，即由階級社會向無階級社會的過渡，也就是說它不是一條路而是一座橋。然而馬克思設想的"這座橋"卻被無政府主義者巴枯寧詛咒為"人民永久的監獄"。社會主義由理論到實踐，由一個美好的理想到一個破爛的現實，這不知究竟是理論家的罪過還是實踐家的罪過。但無論怎麼，我們面對歷史都只能力求客觀公正地去評判某段歷史產生的根源和條件，而不是去責怪某些歷史人物。由此而論，國家社會主義的出現既有社會條件的影響，也有歷史人物的作用，既有馬克思主義理論家的理論誤區，也有列寧、史達林、毛澤東等實踐家們為我所用、各取所需，直至顛倒歪曲的實用主義者對先哲們理論的篡改。通過對社會主義的起源、發展和實踐追本溯源，我們不難看出：空想社會主義、無政府主義、科學社會主義、還有其他形形色色的社會主義，它們的目的都是一樣的。他們的理想都是美好的，他們的區別僅僅在於實現社會主義的方法和手段不同而已。空想社會主義者的方法和手段是改良主義的，是在不破壞資本主義制度基本框架的條件下，對社會進行一步步改良，由此達到實現社會主義的目的，這在當時社會條件下是脫離實際的。無政府主義者的主張是"無產階級打破舊的國家機器後，便立即進入無政府狀態"，這也是超前的。所以他們都是不可行的，是無法實現的。馬克思的科學社會主義，其方法和手段被後人付諸實踐，並取得成功，但建立的卻不是他本人設想的社會主義，而是國家社會主義。雖然用了他的社會主義的花瓶，但裝的早已不是社會主義的花朵，而是國家社會主義的魔草。國家社會主義雖然用的還是馬克思社會主義的詞彙，但早已偷樑換柱、脫胎換骨，掛羊頭賣狗肉。社會主義的廟裡坐的也不是社會主義的神，人民與公僕之間早被異化了。國家社會主義制度一旦確立，社會主義便被國家主義所吞噬。這個社會主義制度不再是"由資本主義向共產主義短暫的過渡"，而形成了官僚特權階層掌權的統治人民的永久監獄。這個制度運行的結果，實踐證明，背叛了無產階級和廣大人民群眾的利益，使人民重新淪為國家的奴隸，於是又進入歷史的大循環。通過本文的分析旨在揭開這個歷史演變的過程和根源。

第一章　國家社會主義的特徵

　　一個現實——嚴酷而無情的現實擺在我們的面前，發人深省，迫使我們對國家社會主義理論及其政權體系進一步反思。

　　1989年是國家社會主義的災難春秋，中國出現震撼世界的"六、四"民主運動，東歐各社會主義國家紛紛瓦解。繼之而來的是1991年第一個社會主義國家——蘇聯解體，然後是柏林牆被推倒。這一切都表明國家社會主義政權體系的全面崩潰，中國政府雖然仍頑固地堅持所謂的社會主義立場，要讓中國救社會主義，然而他們堅持的早已不是什麼社會主義了，他們堅持的只是政治上的封建主義和經濟上的資本主義。這二者的合併就是國家社會主義演變為"社會主義的初級階段"，即國家資本主義。"六、四"運動已經宣告了國家社會主義政權在中國的失敗。至此國家社會主義政權體系在全世界的徹底失敗已成定局，任何神人壯士、力士參孫都挽救不了國家社會主義滅亡的歷史命運，改變不了國家社會主義覆滅的歷史必然。

　　這種由馬克思設計的，列寧締造的，史達林趨其成形，毛澤東進一步發展的國家社會主義僅僅經歷了不到百年的歷程，為什麼就走向滅亡了呢？這種社會主義形態的產生、發展、滅亡是不是存在著一種必然的歷史規律呢？它的出現在當時的社會歷史條件下是否有一定的進步性，還是像有些人所說的那樣，它的出現純粹是一種歷史的誤會？它的倒臺是其自身發展矛盾運動的結果，還是周圍國際上發達資本主義國家的破壞與國內持不同政見者聯合起來搞和平演變的結果？這種國家社會主義的破產對人類社會向更高一級的社會形態邁進是積極的還是消極的？它的崩潰對人類歷史來說是前進還是後退？

所有這一切無不像幽靈一樣時刻在我們面前徘徊，糾纏著我們。面對紛繁複雜的社會現象，如何全面地、客觀地正確認識和評價國家社會主義這一社會形態已是擺在我們面前的一個迫切任務。

第一次世界大戰，出現了第一個國家社會主義政權——蘇聯，第二次世界大戰又打出了中國和東歐一些小國家的國家社會主義政權。國家社會主義在俄國是推翻封建君主制的沙皇統治建立的，在中國是平息封建軍閥混戰之後建立的。

從政治方面看，國家社會主義政權是在推翻封建的腐朽統治基礎上建立起來的，所以它的革命動力是包括資產階級在內的廣大人民群眾。因此在反帝反封建的革命勝利後，就出現是建立資產階級共和國還是建立所謂的社會主義政權的鬥爭。鬥爭的結果，共產黨勝利了，建立了國家社會主義政權。當時的廣大人民群眾對馬克思主義瞭解甚少，只有少數的共產黨人瞭解點馬克思主義的皮毛，這些人奪取政權之後就成了新的統治者，採用實用主義對待馬克思主義，他們利用人們對理想社會的嚮往建立了國家社會主義。當然這時建立的國家社會主義只是個框架，國家社會主義政權建立之後，便通過多次政治運動使其逐步鞏固和完善起來。這是社會運動的基本規律——任何一個組織和有機體都會

在自身的生命運動中不斷發展和完善，因此國家社會主義也同樣
會沿著自身的道路往下走。

　　從經濟方面看，所有的社會主義政權都是建立在經濟落後的
基礎之上的，資本主義沒充分發展，資產階級力量薄弱。一方面
是帝國主義的侵略和掠奪使這些落後國家的資本主義不能夠健康
發展，另一方面，因受到封建勢力的反抗也不能大力發展，更重
要的是資本主義的發展必須建立在對無產階級的剝削和壓迫基礎
之上。這就決定了在這些落後的國家，資本主義沒成長起來便被
扼殺了。因為無論帝國主義還是廣大人民群眾都不願意讓資本主
義在這些落後國家裡興起，所以這些國家的資本主義制度就根本
不能確立，回到過去封建社會老路上，歷史更不允許。因此要建
立新的國家政權，就只能是國家社會主義。

　　這種國家社會主義體制在建立之前，商品經濟都沒有得到充
分發展，生產力水準低，前資本主義因襲重。從這點上看，這種
國家社會主義政權的出現是列寧對馬克思主義理論的一大修正。
馬克思設想的社會主義是建立在生產力高度發達的資本主義經濟
基礎之上的，沒有資本主義的高度發展，沒有資本主義的物質財
富和精神文明做鋪墊是建立不了社會主義的。一句話，馬克思設
想的社會主義必須建立在生產力高度發達的經濟基礎之上。而列
寧則認為社會主義可以在經濟不發達的國家，在資本主義統治鏈
條薄弱的地方，用武裝奪取政權取得勝利。

　　實踐證明這樣的社會主義並不是馬克思理想中的社會主義，
而是與社會主義原則相背離的國家社會主義，也可以說是異化了
的社會主義。

　　我們之所以稱這種變異的社會主義政權體系為國家社會主義，一方面是我們借此把它同理想的社會主義區分開來，另一方面則因為這種社會主義體制的根本特徵就是國家機器的作用空前加強了，國家機器的力量空前強大了。它甚至把社會生活中每個小水珠都作為國家機器的一個部件迫使其隨著國家機器而運轉──生產資料國有、國營企業、國家幹部、國家職工，所有的物質財富、精神財富和所有的人統統都是國家的。連空氣、水、陽光這些人類賴以生存的基本條件也都隨著國家機器的運轉而發出窒息個人自由呼吸的振波來。這就違背了社會主義的理想原則，因為社會主義理想是要淡化，最終消滅國家的。因此只要存在官管民的活動方式，就不是社會主義。

　　這種國家社會主義首先要的是至高無上的國家權力，其次才是社會主義。社會主義的本質：民主與自由、勞動者是社會的主人、勞動者佔有生產資料、自治自理、民主共決、勞動者掌握產品分配權等等，都可以不要。但是國家機器的權威卻絲毫不能削弱，國家機器的本質屬性，即統治人、壓迫人、強迫人按其意志而行動，這些絲毫不能改變，這就必然出現國家主義至上。在強化國家機器與堅持社會主義原則發生矛盾時，後者必須服從於前者；在國家主義與社會主義發生衝突時，後者必須讓位於前者。

　　國家主義就像被裝在瓶子裡的魔鬼，一旦開封讓它出來，誰也不能再控制它。最後它就一口把社會主義吞掉，甚至連國家社會主義這個瓶子也被投進大海。

　　這種國家社會主義政權建立之後面臨的第一個大問題就是如何高速發展生產力，為"先進的社會主義生產關係"補充與之相適應的生產力（這又是一個顛倒）。而要發展生產力，就不能不要資本主義的東西，就不能不採取一些市場經濟行為。因為在人類社會的現階段，商品經濟——即市場經濟仍是推動生產力高速發展的最好方式。因此國家社會主義體制要高速發展生產力就必須大力發展商品經濟。而理想社會主義的原則中，社會主義與商品經濟是水火不相容的。資本主義的產生方式正是商品經濟發展的必然結果，反過來說，商品經濟就必然產生資本主義，這點是被社會發展史實所證明了的。所以國家社會主義制度一建立就遇到一個無法克服的矛盾，即發展商品經濟與堅持社會主義原則的矛盾，這一矛盾集中體現在市場經濟與計劃經濟的矛盾上，這是經濟裡的根本矛盾，這一矛盾一直困惑著共產黨人。

　　列寧建立了蘇聯第一個國家社會主義政權後，首先遇到的就是這麼一個棘手的問題，最後這位偉人也不得不向資本主義妥協，讓主義服從於實踐，理想屈從於現實，實行了"新經濟"政策。這又證明了上面談到的，在國家與社會主義發生矛盾時，無產階級的代表共產黨人的領袖們是寧願丟掉主義也不能不要國家的。因為生產力提不上去，人民生活水準也不能提高，國家是要最終滅亡的。為了鞏固國家政權就要發展商品經濟，要發展商品經濟就得向資本主義讓步。假如為了鞏固國家的政權需要破壞經濟建設，那麼共產黨人是寧可破壞經濟建設而去鞏固政權的。當然這種假設是不存在的。

　　當今的社會主義各國的經濟改革充分的證明了這一點。尤其是在中國，一切資本主義的東西都可以要：私有制、市場經濟、自由競爭等等；一切社會主義的原則也都可以丟：勞動者喪失生產資料面臨失業、兩極分化、貧富懸殊、取消公費教育、公有住房、公費醫療等等。但是國家機器必須要進一步鞏固和強化。之所以這樣，就是因為在這樣的社會形態下，不進行改革就不能高速發展生產力，經濟萎縮、市場疲軟、企業缺乏生機與活力；而面對當今資本主義政權體系蓬勃發展的威脅，生產力搞不上去，國家政權就不能鞏固，長此下去，人民不滿，必然亡國。為了鞏固國家政權，強化國家機器而丟掉社會主義的原則，用資本主義去發展生產力，這就是共產黨搞社會主義經濟改革的實質，發展生產力的目的只是為了維護自己的統治，鞏固自己的政權。

　　國家掌握生產資料，國家對經濟進行統控，國營企業，國家銀行，國營農場，國家職工，國家幹部……這一切都表明在經濟上掌握生產資料和經濟命脈的不是資本家而是國家，所謂的生產資料公有制，實質是國家所有制，並不是勞動群眾共同佔有生產資料，這就是國家社會主義的經濟特徵。我們之所以稱它為國家社會主義就是因為它開始是不承認商品經濟的，而一旦它要發展商品經濟，進行經濟體制改革時，它已變為國家資本主義了。隨著歷史的發展，國家社會主義的國家計劃經濟（這種國家計畫是國家官僚的意志，不顧經濟規律，強加於企業、強加於社會、強加於勞動群眾）這一經濟特徵的缺點和弊端越來越充分的暴露出來。它窒息了經濟領域裡的生機與活力，挫傷了勞動者的生產積極性，因此就要搞經濟改革。老的國家官僚集團沒有對付社會上日益增多的經濟問題的辦法，因此面對的市場和利潤為方針而進行改革的新資產階級只能且戰且退，別無辦法。共產黨搞社會主義經濟改革實質就是大踏步向資本主義邁進。

　　從政治體系上看，國家要掌握經濟命脈，要管理經濟、政治、文化和國家事務就必須設置一系列的官僚去管理。由此形成自上而下的設官治民，所有的官都是上級任命的"皇家命官"去管下一級人的。這種統治體制把企業也當做國家機器的齒輪，企業也要有黨、政、工、團，企業裡也是設官治民；農村的公社（或者鄉鎮）都是作為一級政府工具去管理農民。這種官本位的政治體制不但與社會主義的人民當家作主，自治自理的聯合勞動制水火不相容，就是與資本主義的資本家按照商品經濟規律用經濟手段去管理勞動者也相距甚遠，因此這種政治體制是前資本主義的。在這種官本位的指導下，管理成了官的職能，必然產生職能官僚依靠行政手段來管理政治事務、經濟事務和其他一切社會事務。因此就不可避免的要出現長官意志，不按規律辦事，強迫命令，不可避免的要出現形式主義和官僚主義以及弄虛作假的現象。當官的權力不受群眾約束，只對上負責不對下負責，因此不可避免的要脫離群眾，產生腐敗。這些以人民"代表"身份出現的各級官員一開始就事事處處無不"代替"人民，最後在官場上混上幾年連代替也不願意了，只關心個人得失，最多關心到小團體的利益。在這樣的政治體制下，每個勞動者都是國家機器上的一個螺絲釘，而國家又掌握在少數"代表"——即官的手裡，因此每個勞動者都成了以他們的"公僕"身份出現的，又代表他們來管理他們的人的奴隸。生產資料的公有變成國有，國有又變為官僚集團所有。多麼驚人的異化！每個勞動者都不是人民，只有少數代表他們的官員才是人民，每個無產者都不是無產階級，只有各級官僚是無產階級。這就譬如海洋裡的每顆水珠都不是水，只有從海裡取出來的幾個水滴蒸發出去的一些微量元素才是水。多麼荒謬的邏輯！

在這樣的政治體制下，一切上層建築包括意識形態，文化事業等等都是為強化國家機器，鞏固國家政權服務的。所以國家社會主義的法律不能獨立，新聞不能自由，文化要為官僚政治服務，人的思想被禁錮起來，貼上皇封，一言一行必須服從國家的需要。這就必然扼殺人的生機和自由，限制人的發展，剝奪人的基本權利。每個人從一生下來就要納入國家計畫，出生、入託、上學、就業、結婚生孩子，甚至入火葬場等等都要納入國家計畫。這其實是計畫政治。

這種體制把公民人為的分成城市人和農村人兩個等級，製造工農對立，擴大城鄉差別。農村人要勒緊褲腰帶為城裡人提供商品糧和副食品，而城裡人可以用假農藥、假化肥去坑害農民。農民賣糧是國家定價，購買生產資料也是國家定價，但是國家在定價的時候又弄個剪刀差，進行赤裸裸的剝削，這是不等價交換。可見共產黨的官僚們不是縮小、乃至最終消滅三大差別，而是去逐步擴大這種差別；不是逐漸削弱國家管理人、統治人、奴役人的職能，而是進一步強化這種職能，並達到空前絕後的程度。

以上這些都是國家社會主義的政治文化特徵，所有這一切都是前資本主義的東西，是比資本主義還落後的。隨著歷史的進步，這種政治體制必然要淘汰，所以國家社會主義要改革。之所以改革，就是因為政治上的封建主義阻礙了正在發展的經濟上的資本主義前進，生產關係阻礙了生產力的發展，上層建築成了經濟基礎的桎梏。

　　由此可見，國家社會主義當前面臨的矛盾概括起來都是政治上的封建主義與經濟上的資本主義的矛盾。商品經濟必然衝破封建特權，改革就是改變其國家封建主義的政治經濟體制，使之適應於資本主義的經濟發展之需要。所以，一切經濟改革實質上都是政治改革，改革成功就是從政治到經濟的徹底的資本主義，像前蘇聯和東歐一些社會主義國家一樣。改革失敗就要出現社會動亂，摧毀這種國家社會主義制度，全面實行歐美國家西方化的資本主義民主社會，這就是國家社會主義政權運行幾十年的必然結果。因為在這些國家裡，社會主義的原則已被國家主義吞噬，無產階級已被新貴族所取代，真正的社會主義因素消滅殆盡，這就是共產黨集權制的歷史功績。

▎第二章　國家社會主義產生的根源

　　這種國家社會主義的政權體系是怎麼產生的呢？是像一些人所說的它的產生完全是歷史的誤會、是個怪胎、早產兒，還是一種歷史的必然呢？它既然出現了，就有它產生的客觀基礎和依據（政治的、經濟的、歷史的……）。從這個意義上來說，我們仍可以利用黑格爾的那句名言概括之——現實的就是合理的。

　　16-17世紀，歐洲主要的先進國家先後完成了資本主義的原始積累，1640年的英國資產階級革命，1775年的美國獨立戰爭，1789年的法國資產階級革命等等，確立了資本主義制度。圈地運動、"血腥立法"、向外掠奪等一系列暴力行動為資本主義的發展提供了必要的勞動力和資本，同時也暴露了資本主義初期階段的瘋狂掠奪與殘酷剝削的野蠻性。正像馬克思說的"資本主義來到世間，從頭到腳，每個毛孔都滴著血和骯髒的東西"。18世紀中期開始的工業革命，不僅影響到生產力的發展，是技術上的一次革命，而且影響到人們地位的改變，是社會關係上的革命。資本主義的確立，一方面大大提高了生產力，商品經濟的蓬勃發展，另一方面又給勞動群眾帶來了深重的災難，產生了許多嚴重的社會問題：貧民窟、失業大軍、工礦的童工和女工、惡劣的工作條件、工時長、工資低、工人境遇悲慘等資本主義初期階段的弊端。特別是資本主義的自由競爭與生產的無政府狀態，造成了週期性的資本主義經濟危機，1825年英國第一次經濟危機，七十五家銀行破產，三千家工商企業倒閉，1873年又爆發了世界性的資本主義經濟危機。這就迫使許多有識之士進一步思考，出現了許多改造社會的藍圖，形成了一個時代思潮，這就是社會主義。19世紀早期的聖西門、歐文、傅立葉等都試圖不改變資產階級的政權，用合作制的公社在不消滅資本主義制度的前提下，改變生產的無政府狀態，使所有人都是勞動者，將國家的性質由對人的治理變為對物的管理和對生產的指導，以改善勞動者的被壓迫、被奴役的不平等地位，造成一個平等、自由、美好、和諧的沒有剝削和壓迫的社會。他們希望用和平的方式改造社會，指望依靠剝削者的自願來消除剝削制度。他們想依靠天才人物提出改造社會的計畫，通過宣傳、示範、試驗等辦法來感化資產階級，實現社會主義的美好理想。這在當時的歷史條件下是不可能的，所以後人把他們稱為空想社會主義。

　　隨著資本主義的發展，無產階級隊伍也逐漸成長壯大起來，無產階級與資產階級的矛盾日益尖銳化，工人運動的浪潮也逐漸高漲。無產階級反對資產階級的鬥爭需要理論上的指導，這就產生了馬克思主義。以階級鬥爭理論武裝無產階級，把社會主義同工人運動結合起來，用暴力革命打碎舊的國家機器，建立無產階級政權，由此過渡到社會主義，這就是馬克思社會主義理論的基本觀點。它被後人稱為"科學社會主義"理論。

　　馬克思設想的社會主義：①要建立在高度發達的資本主義經濟基礎上，通過無產階級的鬥爭在發達資本主義國家同時取得勝利；②無產階級必須武裝奪取政權，用暴力革命打碎舊的國家機器，使無產階級成為統治階級，建立無產階級專政的國家；③這個專政不過是要消滅一切階級，達到無階級社會的過渡。隨著階級的消滅，國家進入非政治化的國家，直至最終國家消亡。

與此同時，第一國際中出現了以蒲魯東、巴枯寧為代表的無政府主義，他們主張把生產者聯合起來，建立互助會，合作社，勞動者自治自理，主張"無產階級打碎舊的國家機器，立即不要國家，進入無政府狀態"。"沒有國君，沒有元首，這就是我們日益接近的政府形式"。他們反對任何形式的國家，反對任何形式的統治，當然也不要"無產階級專政的國家"。這就是他們同馬克思主義的基本分歧。馬克思主張最終消滅國家，但不能立即消滅國家，而無政府主義者則要立即消滅國家。請看下面一段巴枯寧關於國家的論述：

"國家，任何一種國家，哪怕用最自由最民主的形式武裝起來，都必然是建立在控制、統治、暴力及專政的基礎上的，專政可以是隱蔽的，但那就更加危險了。"

"國家，即使叫它十遍人民國家，哪怕用最民主的形式把它裝飾起來，對無產階級來說也必然是監獄。"

"因為任何國家權力和任何政府就其實質和地位來說，都是被置於人民之外和凌駕於人民之上的，必然要力圖使人民服從那種與己無關的制度和目的。所以我們宣佈自己是任何政府權力、國家權力的敵人，是一切國家制度的敵人，並且認為，只有當人民自下而上地通過獨立的和完全自由的聯合，沒有任何官方的監護，但不是沒有某些個人和政黨的各種不同的、同樣自由的影響而組織起來，由自己創造自己的時候，人民才會是幸福和自由的。"

"革命專政和國家專政之間的全部差別僅僅在外觀上。實質上，兩者都是由少數人管理多數人，藉口是多數人的所謂愚蠢和少數人的所謂聰明，因此它們是反動的。二者的直接的和不可避免的結果都是鞏固少數統治者的政治和經濟特權，加強對人民群眾的政治和經濟奴役。"

"如果有國家，就必然有統治，因而也就有奴役。沒有公開的或隱蔽的奴役的國家，是不可想像的，這就是我們要與國家為敵的原因。"

"無產階級上升為統治階級是什麼意思呢？難道整個無產階級都成為行政首腦嗎？全體人民都成為統治者，被統治者也就沒有了。那時就沒有政府，沒有國家。如果有國家，就會有被統治者，就會有奴隸。這個二者必居其一的問題在馬克思主義者的理論中解決得很簡單。他們所理解的人民治理，就是人民通過由人民選舉產生的為數不多的代表來實行治理。全民行使普選權，選舉所謂人民代表和國家統治者，這就是馬克思主義者以及民主派的最新成就。這是謊言，它掩蓋著少數統治多數者的專制。尤其危險的是，它好像是所謂人民意志的表現。"

"因此，不論從哪個角度考慮這個問題，都會得到一個最可悲的結果：少數特權者統治大多數人民群眾。但是馬克思主義者說，這個少數將是工人。是的，大概是過去的工人，但是他們一旦變成了人民的統治者或人民的代表，他們就不再是工人了。他們將從"國家"的角度來看待一切普通工人，他們將代表的已經不是普通人民，而是他們自己和他們管理人民的野心。」

「馬克思主義者感覺到了這個矛盾，因此便設想這個專政是臨時的、短暫的，以此來聊以自慰。他們說這個專政的唯一願望和目的是從經濟上和政治上教育和培養人民，使人民達到這樣的高度，以至於任何治理都將很快成為不必要，而國家在失去一切政治的即統治的性質以後，本身也將變成經濟利益和公社的完全自由的組織。」

「這是一個明顯的矛盾，如果他們的國家真正是人民的國家，那麼為什麼要把它廢除呢？如果為了人民的真正的解放而必須予以廢除，那麼他們又怎麼敢把它稱為人民的國家呢？」

「我們的論戰一直糾纏在這個矛盾上，他們斷言，只有專政，當然是他們的專政，才能創造人民的自由；我們回答說，任何專政，除了使自己永世長存之外，不可能有別的目的，它能夠在忍受這種專政的人民身上產生和培養的只是奴性。」

「按照我們的意見，無產階級一旦掌握了國家，就應當立即把它作為人民群眾的永久的監獄加以摧毀。按照馬克思先生的理論，人民不僅不應摧毀它，反而應當鞏固和加強它，並且完全聽從自己的恩人，監護人和導師即共產黨的首長們的命令，交給馬克思先生和他的朋友們，由他們開始按照自己的方式解放人民，他們把權柄集中到一隻強有力的手中，因為愚昧無知的人民需要特別強有力的監護。他們將建立統一的國家銀行，集中掌握全部的工商業的、農業的甚至科學的生產，並把人民群眾分為兩支軍隊：工業軍和農業軍，由國家工程師們直接指揮，這些工程師將構成新的科學和政治的特權階層。

以上皆選自巴枯寧《國家制度和無政府狀態》

通過以上的引文，對照國家社會主義幾十年來的發展史，我們不僅可以看出無政府主義者的基本思想觀點放射出的真理光芒，而且也可以看到馬克思的社會主義理論的弱點和不足。在國家問題上馬克思的社會主義理論存在明顯的缺陷。馬克思設想的所謂無產階級專政的國家，其實也是個空想。只要有專政，總是少數人對多數人的專政，不可能是多數人對少數人的專政，所謂人民民主專政是一個偽概念，民主和專政是不相容的，這是其一。其二是國家掌握在誰的手裡？只能是掌握在少數的"代表"手裡，這些代表就是領袖，以及領袖指揮下的各級官僚。在階級社會中，每個人都是受階級利益支配的，一旦做官，他們還能代表人民嗎？一旦掌權還能真正的為民服務嗎？即便一開始可以為民，但過不多久就會蛻化變質，就會貪污腐敗，就會脫離人民，成為人民的統治者。對於這點巴枯寧說得非常清楚明白，可是馬克思仍然認為，可以建立無產階級專政的國家，並把它當做短暫的過渡時期。可是社會主義的實踐把馬克思的這一理想撕得粉碎，並將送入歷史垃圾堆。

關於社會主義的理想，在空想社會主義、馬克思主義與無政府主義之間並沒有根本的原則和分歧，他們的社會主義原則都是一樣的，都要建立一個無剝削、無壓迫，勞動群眾成為社會的主人那樣一個美好和諧的理想社會。因此可以說他們的目的都是一樣的，只是為達到目的而使用的方法和手段不同而已。空想社會主義者要實現社會主義理想的手段與方法是想通過在資本主義條件下的改革與改良，和平進入社會主義，反對階級鬥爭和無產階級的暴力革命。瑞典和北歐其他一些國家就是按照這個道路走過來的，民主社會主義的實踐證明這個方法是唯一可行的，但是漫長的、漸進的，是通過資本主義的發展一步步實現的。也就是說資本主義的高級階段就是逐漸變為社會主義。今天看來，空想社會主義不是空想，科學社會主義也不科學。

按照無產階級革命理論家的說法，空想社會主義這種思想的產生是由於當時的無產階級力量還不強大，還沒有從自在的階級上升為自為的階級。這是空想社會主義者沒有用階級鬥爭的觀點去認識問題，因此他們反對以暴力革命奪取政權去實現社會主義。這種理論顯然是為無產階級武裝奪取政權、暴力革命找理由的。

馬克思主義在總結工人運動經驗的基礎上，提出了無產階級用暴力革命奪取政權，建立無產階級專政國家的學說。但這一學說自身的弱點和矛盾不僅無政府主義者看的一清二楚，就連馬克思本人也意識到了。因此馬克思才設想這個專政僅僅是對付被打倒的資產階級反抗的，是大多數人對少數人的專政，就是這樣的專政還僅僅是暫時的，是過渡性的，一旦資產階級作為整個階級被消滅以後（像上世紀三十年代的蘇聯，六十年代的中國那樣。在中國，完成了對農業、手工業和資本主義工商業的改造後，過渡就算結束了。毛澤東也是這麼看的，所以才有人民公社和大躍進。），這個專政就得隨之廢止。正像馬克思在《法蘭西內戰》中所述，無產階級取得革命勝利之後，他們所面對的最大的、唯一的敵人就是國家機器。馬克思寫道："當階級統治的這一種形式被破壞之後，行政權、國家政府機器就變成了革命所要打擊的、最大的、唯一的敵人了。"

　　然而，可悲的是，社會主義運動的歷史事實正好為無政府主義者所言中，無產階級專政的國家機器並沒有隨著資產階級的消滅而消亡，反而空前強化了（當然這裡所指的資產階級消滅了，是指生產資料收歸國有，即完成了生產資料的社會主義改造後，形式上的消滅了資產階級。實質上新的統治階級即"官僚特權階層"產生了，勞動群眾也分化為工人和農民兩大階級）。馬克思所設想的"無產階級專政的國家"政權體系出現後，並未沿著馬克思設想的路子前進，反而將社會主義的原則大大異化了。這當然不能全怪馬克思，但與他的社會主義理論的缺陷有著十分密切的聯繫。如果說馬克思主義理論只是理論的話，那麼要將理論變成實踐，就要有與之相適應的工程學和工藝學。可是實踐這一理論的工程學和工藝學在馬克思所處的時代是不可能產生的，這就是歷史的局限。在馬克思的學說裡，社會主義只是一個粗線條的藍圖：階級專政、黨專政、國家專政、領袖專政與人民專政等等都是一體的，是等同的；領袖代表党，黨代表無產階級，無產階級代表國家，國家代表廣大人民群眾。所有這些"代表"，馬克思設想都是由選舉產生的，可是如果掌握國家大權的官僚不願選舉而要任命又怎麼辦呢？所有這些代表，要是不代表或是不能代表無產階級和廣大勞動群眾又怎麼辦呢？在消滅資產階級之後，用什麼辦法去削弱國家機器的作用，使之進入非政治化的國家，直至最終消滅國家機器呢？所有這些馬克思都沒作出回答，他也不可能作出回答。

　　任何形式的國家，只要建立起來就必然要沿著自身不斷鞏固的軌道而發展，就不可避免的要產生少數人統治多數人。這顯然與社會主義原則相違背，使科學社會主義不科學，這正是馬克思"科學社會主義理論"所沒有解決的矛盾，或是說他回避了這個矛盾，這也是為無政府主義者猛烈抨擊的。但是無政府主義者設想的無產階級打碎舊的國家機器（他們說的舊的都是指資產階級的，實際上像蘇聯和中國打碎舊的國家機器還是封建主義的）之後，一下子就取消國家，不要任何形式的專政和統治。這在當時、現在和將來很長一個歷史時期內都是不可能的，這就是無政府主義者失敗的原因。特別是巴黎公社的血的教訓，更證明無政府主義者的理論是不切實際的，也正是巴黎公社的失敗，才使馬克思主義的社會主義最後戰勝了無政府主義。

人民需要政府，正像樂隊需要指揮，但這個指揮具有二重性。即一方面他有指揮、協調、監督社會各階級、各階層、各個方面的人員和諧相處、統一行動、有序運作的自然屬性職能。另一方面，同時它也有統治人、壓迫人、奴役人的社會屬性職能。人民需要的是政府行使自然屬性的職能，而限制或消滅他們行使社會屬性的職能。社會化大生產需要組織指揮者，社會需要有序而穩定的運行，因此人民需要政府，要賦予政府一定的權力，但是人民要對政府的權力進行嚴格的限制，也就是"要把權力關進籠子裡"，由此最終達到不要權力，或者說國家的自然消亡。

空想社會主義和無政府主義者，他們的願望都是美好的，但是他們的方法和手段都是脫離當時的歷史條件的，因此是不可取的，也是不能成功的。馬克思主義的社會主義，被後來列寧、毛澤東說成是科學社會主義，其方法和手段符合當時的歷史條件，所以被後人付諸實踐，取得了勝利。但這個勝利今天看來僅僅是形式上的，實際上是要了國家而背叛了社會主義原則。這一鐵的事實是當時馬克思所沒有預料到的。馬克思的社會主義一旦變為現實就再也不是社會主義了，這裡面包含著多麼深刻的內含和歷史教訓啊！這是否又可以用馬克思自己的觀點來說明其原因呢：生產力決定生產關係，經濟基礎決定上層建築，人類的社會形態同生產發展的一定歷史階段相聯繫，一定的社會形態是生產發展到一定歷史時期的必然結果，不是人為創造出來的，人類活動可以創造但不是不受客觀條件制約的創造。資本主義制度源於資本主義的生產方式，也就是商品經濟、市場經濟的社會經濟體制，因此作為資本主義的國家政治制度也是建立在資本主義的經濟基礎之上的。因此要消滅資本主義的制度就必須消滅或改變它的經濟運行機制，也就是要改變商品經濟和市場經濟的經濟運行方式。反過來說，商品經濟必然產生資本主義，社會主義要搞商品經濟，也就再不是社會主義了。任何思想家設想的社會形態超越了這個生產發展的一定歷史階段，都是不可能實現的。偉大的馬克思也不例外。

　　馬克思的社會主義學說到列寧那裡又有了一個大發展，列寧在《國家與革命》中說："恩格斯認為資產階級國家是不會自行消亡的，而要無產階級在革命中來消滅它。在這個革命之後，自行消亡的是無產階級的國家或半國家。""無產階級國家代替資產階級國家，非通過暴力革命不可。無產階級國家的消滅，即任何國家的消滅，只能通過自行消亡。"。

　　"勞動者需要國家只是為了鎮壓剝削者的反抗，而能領導和實踐這種鎮壓的只有無產階級，因為無產階級是唯一徹底革命的階級，是唯一能夠團結一切被剝削勞動群眾對資產階級進行鬥爭，把階級完全剷除的階級。"

"一下子徹底消滅各地的官吏機構是談不到的，這是空想。但是一下子打碎舊的官僚機器立刻開始建立一個新的機器來逐步消滅一切官僚機構，這並不是空想，這是公社的經驗，這是革命無產階級當前的直接任務。"

從以上論文及原文中，我們可以看出：①列寧同馬克思一樣認為"國家是階級矛盾不可調和的產物和表現，是階級統治的工具，隨著階級的消滅，國家也不可避免的要消亡。②無產階級革命的目的就是要消滅國家，但是要消滅國家，首先要掌握國家機器。資產階級的國家必須由無產階級用暴力加以摧毀，無產階級的國家將會自行消亡。（在這裡可以看出，既然國家是階級統治的工具，在階級社會中，國家就不會自行消亡，而國家社會主義是建立在階級社會之上的，所以國家社會主義的國家是不會自行消亡的。）③勞動者需要國家只是為了鎮壓剝削者的反抗，而能夠領導和實現這種鎮壓的只有無產階級，因為無產階級是唯一徹底革命的階級，是唯一能夠團結一切被剝削勞動群眾對資產階級進行鬥爭，把階級完全剷除的階級。

從這些又可以明顯看出列寧把國家專政等同於無產階級專政，無產階級專政又等同於勞動群眾專政；另一方面代替或者執行這個專政的又是共產黨，代表共產黨的只是少數領導人物。這樣就產生了這麼一個等式：勞動群眾專政的國家=無產階級專政的國家=共產黨專政的國家=党的領導人專政的國家。因此誰反對黨的領袖就是反黨，誰反對黨就是反對無產階級，誰反對無產階級就是反人民，因此他也就理所當然的成為人民的敵人，當然就是徹底的反革命。這樣的等式事實上不僅不能促使國家社會主義這樣的國家政權沿著列寧本人設想的"自行消亡"的路子步步發展前進，反而必然會空前的強化起來。因為它堵死了真正的無產階級（指建立國家社會主義政權後沒有上升為國家官僚，沒有統治和主宰別人的權力，仍處於工農地位的被統治、被主宰者）繼續革命求解放的路。

就是這樣一個少數人統治多數人的國家，再也不用被打破，因為它會自行滅亡。如果這個國家的政府和領袖脫離人民，怎麼辦？沒有回答，沒有下文。面對成為人民公僕的一部分人對人民的統治，公僕們心安理得，因為他們就是人民的代表，而作為被統治的人民來說，叫天天不應，撞地地無坑，只能忍著。馬克思理論中還有繼續革命的理念，到了列寧這裡，連這點也被忘記了。反正無產階級專政的國家會自行消亡的，你們面對統治、強權和壓迫，就忍著吧、等著吧。列寧絕對想不到他的十月革命的成果——蘇聯社會主義國家，先被赫魯曉夫所修正，後又被戈爾巴喬夫和葉利欽所埋葬。更具嘲諷意味的是，葉利欽借助民眾力量推翻了蘇聯這個國家社會主義政權，建立起來的卻是被列寧推翻的資產階級政權。從1918到1989，歷史劃了一個圈又回到了原點。這正應驗了中國的一句老話："早知今日，何必當初！"。

面對列寧給我們留下的國家專政＝勞動群眾專政＝無產階級專政＝党專政＝領袖專政這一等式，我們不禁要問：用什麼方式能保證其各個環節永遠相等？像化學方程式一樣，如果在一些地方加了什麼元素，或者某個地方由於受到了風吹日曬，高溫高壓，環境腐蝕等等客觀因素的影響而變質，從而產生新的化合或分解，破壞了這一等式，我們又怎麼辦呢？更大的問題是，如果這一等式不等了，我們該怎麼辦？如果勞動人民發現了這個等式實際上是不可能永遠成立的，他們又如何才能擺脫這一等式對他們的制約？所有這些，列寧都沒有給我們回答，馬克思更不可能給我們回答。而這一問題今天就擺在我們面前，我們必須找出答案，真正的無產者一定要解決這一問題。作為一個有良知有社會責任感的公民也應該深刻思考這一問題。

現在看來，馬克思主義的"無產階級奪取政權後，國家逐漸削弱其政治職能，從而走向非政治化的國家，最後直至這個國家自行消亡。"這一思想又是一個烏托邦。沒有矛盾的對立鬥爭，事物就不能發展，沒有新的與國家社會主義政權對立的矛盾運動，國家社會主義這樣的國家制度是絕不會自行消亡的。這個國家社會主義的新的矛盾對立面是誰呢？難道還能是或者僅僅是早已被打倒的資產階級嗎？歷史告訴我們，這個新的矛盾對立面正好是廣大勞動群眾——無產階級。國家要消亡，必須要通過無產階級不斷鬥爭，繼續革命來實現。因此"國家自行消亡"論本身也違反了他的辯證唯物主義原理。假如說國家消亡了，那麼階級鬥爭還存在嗎？當然從理論上說國家消亡了，階級鬥爭就當然不存在了。然而由於人類的不平等造成的階級的存在，是人類社會的自然現象，有不平等就有階級的存在。如何消滅這人類的不平等，這本身就是一個很大的難題，也是個長期複雜的歷史過程。並且這個不平等只能是自然消滅，不是人為的消滅，更不是靠暴力革命來消滅。家庭私有製、階級、國家是同時產生同時滅亡的，它們就像一棵樹的樹葉、樹枝、樹乾一樣，同生同滅。社會資源是有限的，而人的貪欲是無窮的，而在一定的歷史時期，人的能力也是有差別的，不平等產生於人的能力的差別以及社會分工，這也是合理的，要消滅這種差別更是困難的、長期的、複雜的，甚至說是不可能的。

▌第三章　國家社會主義產生的歷史必然性和進步意義

　　任何事物的存在都有其產生、發展、滅亡的內在規律和客觀必然性，按照馬克思主義的這一觀點去分析國家社會主義這一政權體系，它也逃脫不了這一規律的支配，我們看到它的產生、發展、滅亡也有其內在的客觀必然性。

　　我們知道資本主義從原始積累到自由競爭，到壟斷，到帝國主義都是處在其上升時期的瘋狂發展階段。一方面對內是資本主義對勞動的殘酷剝削與掠奪，英國的圈地運動出現羊吃人的悲慘局面，工人階級極端貧困化，災難深重，階級矛盾十分尖銳，不斷爆發經濟危機；另一方面資本主義發展受到國內條件的限制就要對外進行侵略擴張，資本輸出，尋找世界市場和殖民地。最早的殖民國是西班牙和葡萄牙，繼而是英、法，後來是德、意、日等。進入帝國主義階段後，這些先進的資本主義國家便大舉向一些落後國家入侵。由於帝國主義的侵略和殖民化，落後國家的資本主義發展受到壓抑，不能健康發展。特別是世界大戰更加速了落後國家的危機和災難，這就為落後國家的無產階級革命準備了條件。

　　當西歐一些先進國家先後完成資產階級革命和工業革命的時候，17-18世紀的俄國還是個非常落後的封建農奴制國家。19

世紀初資本主義關係在封建社會內部慢慢發展，使農奴制自然經濟削弱和破壞，但資本主義的發展受到了嚴重阻礙。到19世紀中期俄國仍是個以農奴制為基礎的封建君主制國家。1861年，沙皇亞歷山大批准廢除農奴制的法令，但是這次改革是不徹底的，沒有完成資產階級革命任務，封建沙皇專制制度沒有摧毀，阻礙了資本主義的發展。列寧在《俄國資本主義的發展》這部著作中證明了俄國當時雖已成為資本主義國家，但也存在大量的農奴制殘餘，資本主義和農奴制殘餘的矛盾日益尖銳。當時的俄國經濟上已進入資本主義，但政治上還是封建君主制國家。第一次世界大戰暴發，戰爭的災難全部壓在了人民頭上，前線人民被迫流血，後方成了軍事苦役監獄的囚徒，民用產品奇缺，糧食減產，出現饑荒。俄國人民所受的戰爭災難最為深重，一千萬青年驅往前線當炮灰，沙皇政府腐敗，供應不足，武器缺乏，指揮不當，前線失敗，後方經濟受到嚴重破壞，耕地大量荒蕪，勞動人民陷入饑寒交迫的絕境。這就成為無產階級革命（實際是包括資產階級在內的廣大人民群眾革命）創造了條件，二月革命推翻了沙皇專制統治，十月革命推翻了資產階級臨時政府。也就是說十月革命的對象不是沙皇政府而是立足未穩的資產階級的臨時政府，也就是說俄國的資產階級是在沒有發展壯大的條件下被推翻的。俄國如果像英美一樣，資產階級發展壯大了，也就不存在無產階級推翻資產階級的暴力革命了。

在中國，鴉片戰爭之後逐漸淪為半封建半殖民地的國家。民族資本主義一方面受到了帝國主義的擠壓不能正常發展，一方面受到封建殘餘勢力的反抗也不能很好的發展，更重要的是資本主義的發展是以無產階級被剝削、被掠奪為代價的，無產階級與資產階級的矛盾也非常尖銳。資本主義面對這三種勢力的反對，當然不能健康的發展。辛亥革命推到了封建王朝，但立即又遭到了封建勢力的瘋狂反撲，袁世凱恢復帝制。緊接著便又出現了軍閥混戰，中國人民災難深重。第二次世界大戰暴發更把中國人民推向災難的深淵。這樣一來便把主要矛盾由國內的階級矛盾轉化成了對外的民族矛盾。孫中山在《社會變遷》一文中說：＂中國工人目前的主要問題不是如何對付本國資本家的壓迫，而是如何與本國資本家聯絡合作，共同對待外國資本家的壓迫＂。

中國反帝反封建的勝利也是以包括民族資產階級在內的廣大人民群眾為動力的。毛澤東把這稱為民主革命。

既然任何一場社會革命都必須符合大多數人的利益，必須以廣大人民群眾為動力，既然革命後如果建立資本主義政權，勞動人民就會重新淪為受壓迫的無產者，重新走向災難的深淵，那麼像蘇聯、中國這樣的國家，革命勝利後為什麼還要建立資產階級政權呢？回到封建主義去，連資產階級也不答應，那麼道路只有一條，按照馬克思主義理論，建立國家社會主義，別無選擇。

第一次世界大戰打出個蘇聯，第二次世界大戰打出個中國，蘇聯和中國是典型的國家社會主義政權體系。毛澤東說：＂十月革命的一聲炮響給我們送來了馬克思列寧主義。＂可見中國社會主義模式以及領袖人物的理念都是從蘇聯來的。通過上面的分析，我們又可以看出，國家社會主義之所以在蘇聯和中國這樣的落後國家產生，首先是因為先進的資本主義國家侵略和擴張，這些國家要抵禦帝國主義的侵略，各階級就必然聯合起來一致對外。其次是這些國家正處在由封建主義向資本主義轉換的過渡時期，國內的階級矛盾也非常尖銳。這樣的歷史條件下，資產階級就不能成為革命的領導階級（因為其自身還沒有發展壯大起來）。勞動人民起來造反，當然不會建立資產階級的政權（因為他們看到了資本主義的發展把勞動人民淪為赤貧的無產者這一歷史事實）。如果沒有帝國主義的侵略，這些國家也會進行資產階級革命（或者是工業革命），確立資本主義國家制度。帝國主義的侵略戰爭加重了這些落後國家人民的災難，促使革命條件成熟。一些有識之士看到資本主義發展的瘋狂、殘酷與野蠻，就當然要接過馬克思主義的理論武器，跳越資本主義，直接進入社會主義的理想王國（實際進入的是國家社會主義）。

正是因為這些國家的落後，資本主義沒發展起來，才受到帝國主義的侵略，正是因為帝國主義的侵略，資本主義勢力在這些國家才沒能象英、法那樣蓬勃發展，致使資產階級沒登上政治舞臺就被國家社會主義所取代了。

列寧說的社會主義可以在資本主義勢力統治薄弱的地方首先取得勝利，正說明了國家社會主義是建立在資本主義沒發展起來的基礎之上的。因此說國家社會主義產生的歷史條件是內部的階級矛盾（包括勞動群眾與資產階級的矛盾，資產階級和勞動群眾同封建主義的矛盾二方面）和外部的民族矛盾（全體人民與帝國主義的矛盾）鬥爭的結果。就內部條件看，要推翻封建主義，建立新的國家政權，而又要避開資本主義的災難，這就迫使人們接受馬克思主義，建立社會主義的政權。就外部條件看，面對帝國主義的侵略，民族矛盾是主要矛盾，各階級必須聯合起來抵禦帝國主義的入侵。這些就決定了國家社會主義產生的兩個必備條件：其一是取得反侵略戰爭的勝利，其二是自身資本主義不發展，企圖在封建主義的廢墟上建立一個理想社會。

所以這些國家在建立國家社會主義政權之後，仍然面臨兩個矛盾，外部面臨帝國主義的威脅，內部面臨資本主義勢力的反抗──因為資本主義沒發展起來就被扼殺了，另外還有重新淪為被壓迫者的廣大人民群眾的反抗。因此這個政權一建立就面臨覆滅的危險，運行十分困難。這又迫使這個政權必須強化國家機器，加強專政（這個專政被戴上一個無產階級專政的花帽子，其實就是一個緊箍咒，領袖們隨時念一下，就讓老百姓痛苦萬分。）鞏固政權，養大批警察，以應付人民的反抗；訓練強大的軍隊，製造現代化武器，以備戰爭；經濟政治體制上高度集中統控，以便抵制資本主義勢力的發展，用強制手段消滅私有制和"資產階級法權"，把生產資料收歸國有，權力高度集中，國家機器空前強化，以便更有力的抵制內外資本主義勢力的反抗和廣大勞動人民的反抗。

我們試想，假如當時的資本主義世界勞資矛盾不是那麼尖銳，假如當時的先進資本主義國家有今天這樣高度的文明，就根本不可能產生馬克思主義；假如沒有帝國主義列強的侵略與擴張，像蘇聯、中國和其他一些東歐國家這樣落後的國家也會沿著自身的道路發展資本主義。如果這樣，今天我們所看到的國家社會主義就根本不存在了。反過來來說這些國家建立國家社會主義的政權是由其內外矛盾決定的必然結果，是一步步被逼出來的。中國的近代史更充分證明了這一點。

　　既然這種國家社會主義政權的建立是必然的，當然就有其一定的積極意義。其一是它把社會主義由理想變為現實，無論怎麼說它是對資本主義的一個否定。其二是它在剛誕生的初期畢竟有許多社會主義因素：如"共產主義星期六義務勞動"，"鞍鋼憲法"，"鐵人王進喜"和"雷鋒精神"等等。它在建國初期曾一度避免了資本主義的許多矛盾，出現一段時間的生機勃勃的大好局面。其三是它的一套高度集中的政治體系在奪取政權、打碎舊的國家機器，包括抵禦帝國主義的侵略等方面都顯得特別有力量，也非常必要；高度集中的計劃經濟體制，對醫治戰爭創傷，恢復戰後經濟，集中一切力量搞建設等也顯示了它的優越性。更重要的是，這個國家政權可以通過強權極大地犧牲一部分人的利益來搞經濟建設和鞏固政權。其四是它的建立為資本主義世界樹立了一個矛盾對立面，促進了資本主義制度的不斷完善和發展，從而起到了推動整個人類社會朝文明、和平、民主方向發展的作用。

▎第四章　國家社會主義的矛盾

　　國家社會主義的生產關係是國家佔有全部的生產資料（包括勞動者），產品的分配與交換、剩餘價值的處理等全部掌握在國家手裡，由此決定人民是國家的奴隸，人與人之間的關係是代表國家的各級官僚管理、統治、佔有勞動者的關係。這實際是比資本主義的資本剝削還要落後、殘酷的一種人與人之間的關係。資本家只能在一個企業裡施行權力，而國家社會主義的高級幹部卻擁有一切權利──政治的、經濟的、文化的……權力剝削是比資本剝削更落後、更殘酷、更原始的一種剝削，它帶有濃厚的封建色彩，它剝削的不僅僅是全部剩餘勞動，還包括一部分必要勞動。因為國家社會主義本身的政治經濟特性就是封建主義。

　　與這種生產關係相應的在管理方法和管理手段上必然是高度集中，國家統控的計劃經濟；與這種經濟體制相配合的政治體制是生產資料的佔有者──國家官僚掌握全部的管理大權，借此去管理勞動者，層層設官治民，封建家長制主宰，這是封建主義的特徵。這樣的政治經濟體制運行一個時期後就不可避免的要產生一系列的矛盾和弊病。

　　首先是經濟領域沒有生機與活力，勞動者處在無權、被管，政治上無地位，經濟上受剝削，勞動報酬與付出的勞動量不聯繫

（其實是更殘酷的剝奪），因此勞動者沒有生產積極性。勞動者是生產力的主體，勞動者沒有勞動熱情，怎麼能高速發展生產力。從手段和方法上看，高度集中的計劃經濟體制必然產生長官意志瞎指揮和違背客觀規律的蠻幹。計畫是由各級官僚制定的，也是由各級官僚執行的，官僚們是按國家最高領導人規劃的"宏偉藍圖"而不是根據實際情況去制定經濟計畫的。這樣，只要最高領導人頭腦一發熱就會提出脫離實際的口號，這些口號就是官僚們制定經濟計畫的依據，這在哲學上又可以說就是主觀唯心主義。像中國歷史上出現的"趕英超美"、"大躍進"、"大辦鋼鐵"、"糧食畝產過萬斤"的浮誇風等等都是這種計劃經濟失誤的集中表現。這樣不僅不能發展生產力，還要破壞生產力，而承受苦難的當然不會是各級官僚，而只能是處在被統治地位的廣大勞動群眾。像中國的1960年出現的所謂三年自然災害，餓死幾千萬人，這樣的人禍在歷史上也是極其罕見的，而官僚們把這個歸罪於老天爺，說是自然災害造成的。這就是這種國家社會主義政權不能高速度發展生產力的根本癥結。另外所謂生產資料公有制也是個偽概念，國家社會主義的生產資料公有制其實是國家所有，國家又掌握在少數官僚手中，最終就是官僚所有。可是官僚們在這種公有制的形式下只有支配權，沒有所有權。因此誰當官都想利用手中的權力大撈一把，"有權不用過期作廢"，公家的東西不撈白不撈，公家的東西損失沒人負責，甚至沒人心疼。

　　從馬克思的理論缺陷來分析：資本主義經濟是商品經濟，而商品經濟的具體運行機制就是自由的市場競爭。商品經濟是人類生產力發展到一定歷史階段的必然產物，它不是誰創造出來的，是從小農經濟過渡過來的，是大工業生產的必然方式。因此要進行大工業生產就必須採用商品經濟的經濟運行體制，不是隨便就可以消滅的。馬克思提出用計劃經濟代替商品經濟，自然也就消滅了市場競爭，而競爭正是任何一個事物發展的必須條件，沒有競爭就沒有活力，沒有競爭就沒有科技進步和創新。沒有競爭也就沒有不斷地品質改進和技術進步。競爭的結果必然是買方市場，商品豐富或過剩，買方市場條件下，顧客才是上帝。而計劃經濟從根本上消滅了競爭，因此也就沒有經濟活力，所有商品不愁賣，那就沒必要改進品質，沒必要科技創新，沒必要以顧客為中心。這種情況下，必然出現商品短缺，限量供應，這是一方面。另一方面，資本主義社會裡對無序的競爭市場進行宏觀調控，出現了凱恩斯主義，以消費刺激生產，某種程度上是克服了資本主義生產的無政府狀態，從而實現了對經濟的宏觀調控，又保持了自由競爭的活力。資本主義的經濟危機，通過政府的宏觀調控得到了克服或減緩。而社會主義的計劃經濟終始沒達到供需的有效平衡。在商品緊缺的條件下，一部分有特權的官僚們優先佔有和享用了社會資源，由此擴大了封建社會的等級制。

馬克思認為資本主義的經濟危機是因為資本主義的生產方式和生產資料個人佔有之間存在不可克服的矛盾，因此經濟危機是資本主義的不治之症。而解決的方法就只有一條，建立生產資料公有制，並在此基礎上實行計劃經濟。資本主義發展的歷史事實否定了這一結論，其表現為：①資本主義也有計劃；②經濟危機是經濟發展的週期現象，正像春夏秋冬的更替一樣，是自然規律。同時經濟危機也是商品經濟的必然產物，只要是商品經濟就必然產生商品過剩。③經濟危機通過政府的宏觀調控，可以克服或減緩。

　　而社會主義的經濟體制，運行的結果卻產生了一系列違背客觀規律的政策，像工農業產品的不等價交換、商品糧制度，工人、農民與幹部之間的身份制和等級制，高級幹部的特供制等等一些前資本主義的東西便應運而生了。這一切的政策都是由當官制定的，又是由當官的實施的，所以這一切的一切可以不體現勞動群眾的利益，但絕對不能不體現當官者的利益，不可能不反映官僚們的意志。在這樣的體制下，當了官就有了權，有了權就有了一切：支配別人，主宰別人，統治別人，剝削別人，最大限度地滿足自己。誰當的官大，誰的權力就大，誰的權力大，誰就可以支配、統治、奴役更多的人，以便最大限度地滿足自己。更巧妙的是所有的這一切都是以公的名義即國家的名義表現出來的。官僚們統治、支配、奴役別人或者說的好聽些叫管理勞動者的時候總是打著國家的旗號，代表公的利益，吃喝玩樂，貪污腐敗，嫖娼豪賭都是打著公的名義，說是為了國家。國家幹部是國家的寶貴財富，官越大人越貴，不然死後的悼詞上何有所謂"巨大損失""重大損失"、"特大損失"之謂？為了黨和國家，就要保護好各級領導幹部，讓他們生活得愉快些，生活得美好些，讓他們健康長壽，萬壽無疆，於是他們就有持槍的衛士，有妖豔的女秘書，這一切的一切都是為了黨和國家與"人民"的利益！

　　党建立了政權，完成了生產資料的所有制的改造，打退了帝國主義的侵略，但代價是產生了政治經濟上的官僚集團。他們壓迫而不是代表新的工人階級，並逐漸作為一個新的統治階級用專政來保護自己。

　　有權就有一切的現實利益驅使人們拼命地往官道上擠，於
是共產黨內部的權力鬥爭層出不窮，而且愈演愈烈，產生巨大的
內耗。權力鬥爭者們無不標榜自己是代表黨，是為了國家和人民
的利益去把對手擊敗的。於是反共產黨的是共產黨人，打共產黨
的是共產黨人，共產黨人設置的監獄裡關押的也是共產黨人。一
部分共產黨人要登上寶座，必須把另一部分共產黨人以其反黨的
名義打下去，像中國的"彭德懷罷官""劉少奇囚監""四人幫倒臺"
等等都是這類權力鬥爭的表現。權力、鬥爭的結果造成一系列損
失、苦難還是老百姓承受。

　　這樣的政治經濟體制必然造成勞動生產效率低，生產力發
展緩慢，政治上動盪不安。沒有生機與活力的經濟加上永無止息
的權力鬥爭（通常是以階級鬥爭為名義的）導致政治上的動盪不
安，動盪不安的政治又大大破壞了生產力，阻礙經濟的發展，人
民群眾陷入赤貧狀態。

　　這種政治經濟體制存在的社會矛盾表現：有發展商品經濟與
堅持國家社會主義意識形態的矛盾，即計畫與市場的矛盾；設官
治民與調動勞動者生產積極性的矛盾；實行按勞分配與按照官級
分配的矛盾；人民民主與自由同堅持共產黨一黨專制的矛盾；文化
專制與言論自由的矛盾……所有這些矛盾從實質上看就是不斷發展
的國家資本主義經濟與封建的國家主義政治的矛盾。從生產關係
上看則是生產資料佔有者（官僚統治集團）與勞動群眾的矛盾。

　　從階級關係看，這種國家社會主義政權存在這樣幾組矛盾：
①工農之間的矛盾，這一矛盾是勞動群眾之間的矛盾，城市剝奪

農村，國家以行政手段維護工農業產品的不等價交換，強迫農民向國家交售商品糧，使吃商品糧的城市人無償佔有農民的剩餘勞動。這就進一步擴大了城鄉差別，引起城鄉經濟發展的不平衡，使城市的繁榮建立在農村凋敝的基礎上。因此引起城鄉對立，城市飛速發展，農村相對越來越貧困。②工農（包括大部分知識份子）與官僚集團的矛盾，這一矛盾是基本矛盾，也是主要矛盾。官僚集團不僅以國家的名義剝奪了勞動者全部的剩餘勞動，還剝奪了勞動者部分必要勞動。這一矛盾形成官民對立，共產黨從人民群眾中分離出來，掌大權的黨員從廣大普通黨員中分離出來，並且逐漸站在勞動群眾的對立面，成為人民的敵人。③官僚集團內部的矛盾，這一矛盾導致權力鬥爭，官場腐敗，誰都想爬到最高位子上去掌握整個國家機器，統治所有的人。誰都要借助廣大人民群眾的力量，把自己說成是真正的人民代表，可是一上臺就把人民一腳踩下去。一系列的官場鬥爭，形成了巨大的內耗，這種現象類似於封建社會的宮廷鬥爭，禍起蕭牆，直至最終自己搞垮自己。

　　因此在共產黨內部為了權力的爭奪戰始終都沒有停止過，而且是黑暗的、殘酷的，像封建社會的宮廷政變一樣，硝煙不散，暗流湧動。而資本主義的權力鬥爭則是明的，是公開的競選。因此社會主義的上層外表看都是緊密團結的，其背後則是殘酷的政治鬥爭；資本主義的上層，外表上看都是互相攻擊，互相鬥爭，但實際上社會是穩定的。社會主義國家的官僚統治階級內部的這種殘酷的政治鬥爭，使整個社會充滿動亂與危機。

　　共產黨的集權專制，具有封建王朝皇權專制的許多特點。

其主要表現為：1.任人唯親，權力世襲，官場腐敗，吏治不清。2.權力至上，唯權為大，有了權就有了一切，一人有權雞狗升天。3.政府脫離人民，官員唯上命是聽，只對上負責不對下負責。4.專制的官僚體制下，必然產生官僚主義和形式主義，弄虛作假，欺上瞞下。機構臃腫，效率低下，人民養的官僚越來越多負擔越來越重。5.權利更替時的暗箱操作和黑幕觸目驚心，潛在的社會危機和動亂暗流湧動。

面對這一系列窒息人的政治經濟矛盾，統治集團中的一些有識之士首先覺悟，認識到對這樣的政治經濟體制必須進行改革，以調和緩解這些矛盾。這些有識之士面對現實，丟掉主義去思考問題，在理論與實踐的矛盾面前，他們不再死守教條，讓現實去服從理論，而是大膽實踐，讓理論去服從現實。五十年代蘇聯出現赫魯曉夫改革，還有南斯拉夫的改革，八十年代蘇聯出現戈爾巴喬夫改革，中國出現鄧小平改革，接著羅馬尼亞、捷克、波蘭、匈牙利等東歐國家也相繼出現改革。但這些改革一開始僅限於經濟領域，只試圖解決生產發展緩慢、企業沒有生機與活力的問題，也就是只解決發展商品經濟與堅持國家社會主義原則的矛盾，並未觸及政治體制。所以這些改革都是頭痛醫頭，腳痛醫腳，到了一定程度，觸及到政治問題也就改不下去了。所有的改革都是要推行國家資本主義，這就要衝破封建特權，衝垮政治上的國家主義和封建主義，自然要觸及一部分統治者的既得利益，因此必然遭到統治集團內部一部分保守勢力的反對。另一方面這樣的改革無論其手段或是目的都是立足於國家和官本位的，是站在官的立場上，都不過是要勞動者創造更多的財富，不能解決他們無權與被管的被剝削、被壓迫的生產關係問題，因此也就不能從根本上解決廣大勞動群眾與官僚統治集團的階級矛盾。最終改革令廣大人民群眾失望，得不到他們的支持與參與。（在中國改革的結果就是國富民窮，一部分人依靠權貴或者依附權貴富起來而多數人享受不到發展的成果陷入貧困。由此社會再次出現貧富懸殊、階級對立。）面對這雙重的壓力，改革派舉步唯艱，最後必然失敗。戈爾巴喬夫的改革在程度上更深一些，但他最終還是沒扛住這兩方面的壓力，也以失敗而告終，在他同保守派的鬥爭中兩敗俱傷，被資產階級"漁翁得利"。至於中國，"六、四"民主運動已宣告了鄧小平改革失敗。

92年鄧小平南巡講話再次發力，徹底丟掉社會主義的理論緊箍咒，解決了姓資還是姓社的問題，由此中國大踏步邁向資本主義，雖然還有一個社會主義的招牌，但誰都知道，中國早已不是什麼社會主義了。而且從官到民，他們都把先進的資本主義國家作為發展目標，作為中國崛起的參照系，由此再也不講主義，只研究問題。什麼問題？說到底就是如何更快的走向資本主義的問題。當然這裡說的資本主義僅僅是說一個政治經濟形態，一個生產方式，並沒有戴上馬克思主義的有色眼鏡去看那個充滿血腥與罪惡的資本主義。

社會主義的經濟體制改革都是以經濟改革開始，最終走向政治改革和社會改革的。無論改革失敗還是成功，那都是對具體的改革者而言的。而對於歷史來說，改革的結果都是走向資本主義，當然這裡說的是二十一世紀的資本主義，而不是17~18世紀的資本主義，是發達的、文明的資本主義，而不是殘酷的、罪惡的資本主義，是共產主義初級階段的資本主義。也就是說當今發達的資本主義是共產主義的初級階段，共產主義的太陽必然要在資本主義的大地上昇起，共產主義的萌芽必然是從資本主義土地上產生，並不斷發展壯大。

我們前面曾經提到，這種國家社會主義政權的經濟體制改革，如果成功就是國家資本主義，如果失敗就是全面西化，徹底走向資本主義。但是這種改革的成功可能性是很小的，因為這是由於這種體制的基本矛盾所決定的。

第五章　國家社會主義滅亡的必然性

　　因為國家社會主義政權自身存在著一系列不可調和的矛盾，所以在國家社會主義政權統治下的各國勞動群眾的反抗與鬥爭從來就沒停止過，而且隨著矛盾的不斷尖銳化，這種反抗鬥爭越來越激烈。這種鬥爭反映到統治集團內部就不免引起統治集團內部的分化，加上權力鬥爭，統治集團內部的矛盾鬥爭也越來越激烈。一方面是勞動群眾與統治集團的矛盾鬥爭，另一方面是統治集團內部的矛盾鬥爭。這兩種矛盾鬥爭時刻威脅著共產黨的專制統治。官僚集團面對人民的反抗與鬥爭，利用國家機器進行鎮壓，這就要求進一步強化國家機器。對於共產黨內的鬥爭，採取殘酷鬥爭，無情打擊，以反黨的名義繩之以法，在鬥爭尖銳的時候還要施之于武力，共產黨人拿著共產黨的棍子去打共產黨。這就加速了這一政權體系的覆滅。

　　在中國，1956年完成生產資料所有制的改造，即確立了社會主義制度，1957年一批知識份子首先覺悟，指出共產黨脫離人民，壓制民主，存在黨天下的現象。以"章羅同盟"為代表的"右傾"勢力反對共產黨專政，提出不要黨掌權，共產黨要同民主黨派輪流執政，以及新聞要自由等民主要求。共產黨面對這樣的挑戰，立即開展了反右派鬥爭，鬥爭的結果，當然是共產黨勝利了，一大批知識份子被打成右派，強制進行勞動改造，或繩之以法。從此中國進入一個沒有民主、沒有人權、沒有個人意志和自由的一黨專制的獨裁統治時代。

在劉少奇與毛澤東的鬥爭中，毛澤東也勝利了，但勝利的結果是生產力大倒退，中國出現十年動亂的政治局面。劉少奇是中國經濟改革的奠基者，但他同時也是權力鬥爭的犧牲者，他的錯誤就是把土地分給了農民，讓勞動者與勞動資料真正結合起來。這個"錯誤"錯在何處？他的失敗又意味著什麼？

1976年出現的"天安門事件"被鎮壓下去，中國共產黨掌握政權以後，第一次動用軍隊和警察鎮壓人民群眾的反抗。從此共產黨對人民開了殺戒。於是1986年的學潮被鎮壓，1989年的"六、四"運動被鎮壓也就是順理成章之事了。在"六、四"運動中，共產黨指揮人民軍隊將手無寸鐵的學生用裝甲車碾成肉泥，天安門廣場再次被民主鬥士們的鮮血所污染。這比封建軍閥段祺瑞有過之而無不及。至此國家社會主義的國家機器的性質已大白於天下。在這幾次鎮壓人民群眾的運動中，共產黨都勝利了，但勝利的結果是越來越徹底的暴露了自己的反動本質，失去了民心。因此說這每一次勝利都是大失敗，每次勝利都是歷史的大倒退。

這一切鬥爭都是統治集團與廣大人民群眾的矛盾和統治集團內部矛盾的集中體現。

在蘇聯，史達林與托洛茨基派的鬥爭中，史達林勝利了，保住了總書記的寶座，加諾涅夫和季諾維也夫也獲勝了，然而他倆的勝利換回的是1936年史達林對他們處以死刑。蘇聯在這一年

以掠奪的方式完成了農業集體化，史達林主義的產生是這種國家
社會政權矛盾鬥爭的必然結果。蘇共二十大，赫魯曉夫清算了史
達林主義，揭示了一個觸目驚心的事實，人類歷史上第一個社會
主義國家，其運行方式原來是靠一個領袖的個人獨裁和政治恐怖
進行統治的。當時的中國還正陶醉在社會主義理想的夢幻之中，
掀起了建設高潮，以實現跑步進入共產主義的理想。這時的中國
共產黨（毛澤東）則站在史達林一邊，公開與赫魯曉夫宣戰。這
說明這次鬥爭的歷史意義何其重大。赫魯曉夫的勝利實質上是全
體黨員反對黨的領袖獨裁統治的勝利，這當然是毛澤東非常氣憤
的。可笑的是當時的中國共產黨竟然是以馬克思列寧主義的忠實
繼承人自居的。因此沒有對斯大林主義進行體制上的清算。這一
事件震撼了全世界，在資產階級看來，赫魯曉夫是給了社會主義
當頭一棒的英雄，在執政的共產黨人看來，赫魯曉夫是帶來混亂
災難的禍首，對經歷了集權統治的人民來說，赫魯曉夫是爭取法
制、民主的先鋒戰士。同時這一事件使赫魯曉夫成為第一位改革
者，也使赫魯曉夫成為繼史達林之後的一個握有黨和國家最高權
力的統治者。赫魯曉夫的改革既沒有對所有制進行改革，也沒有
對官僚政治結構進行改革，所以他軟弱無力，人民對他不滿意，
整個官僚階層都恨他，所以他失敗也是必然的。儘管他的改革是
失敗的，但對歷史是有進步意義的。二十年後的戈爾巴喬夫對他
做了重新評價，把改革引向深入。這裡可以看出國家社會主義政
權的任何一位最高領導上臺後都要徹底否認他的前任。勃列日涅
夫一上臺就要批判赫魯曉夫，而戈爾巴喬夫一上臺就要批判勃列
日涅夫。這就是國家社會主義統治集團內部鬥爭的表現形式，誰

也跳不出這個圈子。雖然這種鬥爭在某種程度上代表了人民的願望，但總歸還是統治集團內部的鬥爭。

在匈牙利，1953年納吉走上改革的道路，1955年拉科西把他打下去。1956年10月的匈牙利事件，體現的已不僅是統治集團的鬥爭了，所以遭到血腥鎮壓。這次失敗不是納吉的失敗，而是匈牙利人民的失敗。中國1989年"六、四"民主愛國運動被統治者定性為反革命動亂與暴亂，也進行了血腥的鎮壓。不同的國家，不同的年代，但鬥爭的性質和結局卻是如此的相似。從此就可以看出，這樣的流血鬥爭是國家社會主義政權統治下人民反抗統治者的必然表現。鄧小平在改革問題上與統治集團內部的保守勢力有矛盾，但對待人民民主運動這一問題上他與統治集團是一致的，堅決鎮壓！

納吉的改革從取消國家保安局到廢除一黨制，動搖了共產黨的統治，所以他的鮮血要作共產黨國家機器的潤滑油。赫魯曉夫和納吉都是改革的失敗者，但赫魯曉夫的改革不觸動國家的政治體系，只搞經濟改革，改革的目的是要實行國家資本主義，所以他的失敗只是失去最高領導人的寶座。而納吉則是站在勞動群眾立場進行改革，他的改革是徹底否定這種國家社會主義的政治經濟體制，所以他的失敗更慘，他連命也送掉了。然而我們反過來看，如果納吉勝利了，匈牙利人民能夠進入社會主義的天堂嗎？他們最終還會淪為被統治者，成為資本主義生產關係的雇傭勞動者——這一點已被今天的匈牙利所證明。鄧小平肯定也逃脫不了改革失敗的歷史命運，因為他的改革最終必然使中國共產黨喪失政權。

　　就是這樣的改革，共產黨統治集團一部分既得利益的保守派也不會允許，這不能不說是社會主義運動的悲劇。這又說明了什麼呢？國家社會主義的反動性與腐朽性不是暴露得非常明顯了嗎？

　　無論是鎮壓納吉的，還是鎮壓中國"六、四"學潮的，都是"人民軍隊手裡的人民的武器"，都是以維護社會主義國家安全的名義進行的，這是多麼發人深省的問題！正如馬克思主義在《法蘭西內戰》中所述："在過去的所有革命中，一切歷史發展所需的時間總是虛擲了；而且就在人民勝利之日，人民剛放下勝利的武器，這些武器就被用來反對人民自己。"這是馬克思在論述無產階級革命之前的所有革命運動的，然而今天在無產階級革命勝利之後，在共產黨領導的國家裡，這一歷史悲劇又重演，這就更令人痛心，更迫使我們進行歷史的反思。

　　國家社會主義寧要封建主義的個人獨裁統治，也不要資本主義的多黨制、議會制，更不能要社會主義的人民自治自理的社會主義民主制和聯合勞動制；改革後寧要資本主義的生產資料佔有者（包括各種官僚和中外的資本家）去管理勞動者，也不要社會主義的勞動者真正掌握生產資料，做產品的主人。這又多麼令人痛心！

　　這樣矛盾重重的政治經濟體制，這樣反動腐朽的國家政權不滅亡還能有別的出路嗎？所以這個國家社會主義的破產不僅是應該的，也是必然的，這是由其自身矛盾鬥爭所決定的。改革絲毫也挽救不了自己覆滅的歷史命運，結果只能是共產黨自己否定自己。所以蘇聯瓦解了，東歐巨變了，剩下中國、古巴、北朝鮮所謂的社會主義國家也奄奄待斃，苟延殘喘，或者在不知不覺中變為全面的資本主義。1989年11月捷克斯洛代克共產黨喪失政權，同年12月羅馬尼亞巨變，總統齊奧塞斯庫及夫人被處決；保加利亞政治局劇變，共產黨失敗；匈牙利社會主義工人黨瓦解。1990年10月兩德統一，同年南斯拉夫共產黨、波蘭統一工人党倒臺……這一切都表明國家社會主義政權從整體看來已經失敗了。

如果說1956年是國家社會主義政權的第一次災難，在這次災難中大傷元氣的話，那麼1989年則是國家社會主義的又一次大災難。中國的"六、四"民主革命運動，宣告了國家社會主義在中國的破產，引發了東歐各國包括蘇聯在內的國家社會主義政權覆滅。

面對國家社會主義產生、發展與滅亡的歷史事實，我們不能不進行深刻反思。社會主義本來是個美好的理想，可是一旦變成現實，成為國家社會主義，為什麼就變得比任何政權都反動、落後？曾是無產階級先鋒戰士的共產黨人奪取政權之後，為什麼同歷史上任何一個剝削階級一樣變為人民的統治者，最終成為人民的敵人呢？社會主義加上國家的帽子為什麼就沿著異化社會主義原則的軌道而發展？

從歷史發展的角度看，一個新政權建立之後，最初一個時期都是積極向上的，經過一定的歷史發展階段之後就要走下坡路，最終走向反動與腐朽。國家社會主義政權體系也沒有逃脫這一歷史規律的支配，這是為什麼？

共產黨應該按照馬克思主義的理論，堅持繼續革命，應該擺脫這一歷史的循環而沒有擺脫掉，這又是為什麼？

這是一個多麼深刻的歷史教訓，對無產階級來說又是一個多麼可悲的結局！

　　更重要的是國家社會主義破產之後，為什麼一下子全倒向資本主義，而放棄了社會主義的人民當家作主，勞動者佔有生產資料，實行自治自理的聯合勞動制原則？真正的社會主義者在這樣的社會大變革時期應該站在什麼立場，採取什麼態度，引導社會向何處去？

　　代替國家社會主義這一政權體系的必然是資本主義，這是不以人們的意志為轉移的歷史趨勢，也是國家社會主義罪孽多端所種下的惡果。然而應該不應該這樣？難道國家社會主義不該為理想的社會主義所代替，反而應該為資本主義所代替？

　　儘管資本主義取代國家社會主義對人類歷史來說也是一大進步，但對社會主義來說卻是一個歷史的大倒退。

　　歷史是否會沿著"否定之否定"的發展規律，讓今天文明的資本主義（指二次世界大戰後，繼帝國主義之後的又一個新的歷史階段的資本主義）去否定國家社會主義，將來的社會主義再對文明的資本主義進行一個否定。這樣人類歷史便進入一個更文明、更高級的歷史階段。

▌後記

　　通過國家社會主義的覆滅這一歷史事實，我們回頭再看馬克思主義的科學社會主義理論，可以說充滿缺陷和誤區。

　　第一，是馬克思對資本主義認識的片面與偏激，表現在他的政治經濟學中，就是資本論。對資本論的批判將另行論述，這裡不能展開多敘。由於他對資本主義商品經濟的深刻分析，得出了資本主義的經濟危機是資本主義的不治之症的結論，因為資本主義的經濟危機表現的是商品經濟危機，反應的實質是生產資料的個人佔有和生產的社會化矛盾，這一矛盾在馬克思看來是不可克服的。然而二戰後的資本主義進入到了一個新的歷史階段。一方面科技進步，生產力高速發展，整個社會變得富裕，整個社會各階層都得到了實惠。另一方面，政府建立了宏觀調控機制，對市場的弱點進行克服和抑制，表現在供需上就是以消費刺激生產，從而實現供求平衡，解決了商品過剩的問題，沒有了商品過剩，也就沒有資本主義的經濟危機。通過政府的職能建立社保體系，使工人的生活有了保障，教育、醫療、生育、失業等都有相應的保障金，因此窮人也能過上體面的生活。同時又建立了勞動協商制和勞資共決制，並設立獨立工會以監督協調勞資雙方關係和矛盾，從而解決了無產階級與資產階級不可調和的矛盾和鬥爭。馬克思認為資產階級和無產階級的矛盾是資本主義社會的基本矛盾，是不可調和的，是你死我活的。資本主義在發展的同時也造就了資產階級的掘墓人——無產階級。因此馬克思主義認為無產階級必須團結起來同資產階級展開你死我活的鬥爭，從而才能從資產階級的壓迫下解放出來。今天的發達資本主義國家已不再是資產階級的國家，政府也不再只是代表資本家說話的政府，而是一個被關進籠子裡，受法律和人民意志制約的政府。工人與資本家的關係再也不是你死我活的統治與被統治，壓迫與被壓迫的關係，而是共同勞動共同富裕的資本與勞動的協作關係。工人的勞動條件與社會地位都在不斷提高，因此工人再也不要起來革命，更不要拿起武器組織暴力革命。這一資本主義發展的歷史事實是馬克思沒有看到的，也是他沒有想到的。

第二，是馬克思的暴力革命論存在問題。暴力革命是馬克思科學社會主義的理論基礎，以暴易暴是他設想的從資本主義走向社會主義的方法和手段，可是這一理論存在著或然性，也就是說通過暴力革命可以建立社會主義，也可以建立國家社會主義。但事實上所有暴力革命的國家建立的都是國家社會主義，而不是他設想的社會主義，這肯定是他的理論本身存在問題造成的。

暴力革命只能打碎一個舊的政權，然而這個舊的政權打碎之後，怎麼建立一個新政權，馬克思主義沒有給出可供操作的指導書，因此任憑後人各取所需，隨便應用，最後作為手段的暴力革命成了革命的目的，這是一方面。另一方面，用暴力奪取政權，必然要用暴力來維護，馬克思設想的這個維護政權的過程表現的僅僅是對已經被推翻的資產階級反抗而設立的一個暫時的過渡時

期，一旦整個資產階級被消滅之後，就應該進入無階級社會。因
為國家是階級統治的工具，階級被消滅了，階級鬥爭不存在了，
因此國家也就沒有存在的必要了，也就是說這時的國家就會自然
消亡。現在看來這是馬克思的一個空想，暴力革命的結果，建立
了所謂的無產階級專政國家，但這個無產階級專政的國家其實就
是國家社會主義。在這樣的國家裡，無產階級專政等於黨專政，
黨專政等於領袖專政。而這個領袖專政又可以變為法西斯專政或
封建皇帝專政。國家社會主義的國家政治經濟體制又變成了"普
天之下莫非王土，率土之濱莫非王臣"的封建大一統的帝王制。
這是馬克思沒有預料到的。馬克思說："我的新貢獻就是證明了
下列幾點：（1）階級的存在僅僅同生產發展的一定歷史階段相
聯繫；（2）階級鬥爭必然要導致無產階級專政；（3）這個專政
不過是達到消滅一切階級和進入無階級社會的過渡。"。

對於以上幾點馬克思的新貢獻，毛澤東又進一步發揮，加上
了一點：就是必須堅持無產階級專政下的繼續革命。並以此作為
他發動無產階級文化大革命的理論根據

階級鬥爭必然導致無產階級專政，這話說的太肯定而絕對，
實際上在發達的資本主義社會的美國和歐洲的民主社會主義國家
都沒有出現過無產階級專政。究竟什麼是無產階級專政？巴枯寧
對此已批判的夠多了。所有專政都是少數人對多數人的，不可能
是多數人對少數人的專政。所謂無產階級專政的國家也是個偽命
題，無產階級需要專政嗎？每個人都自由了，都掌權了，還要專
政幹什麼？既然要專政就必然是少數人對多數人的奴役和統治。

其三，關於馬克思主義的國家理論也有問題。國家是一個階

級壓迫另一個階級的暴力工具，無產階級打碎舊的國家機器，消滅了資產階級，那麼從根本上說階級也就消滅了。既然階級消滅了，作為階級統治的工具——國家，也就沒有存在的必要了。因此所謂的無產階級專政的國家是個偽命題。正像巴枯寧說的，要麼國家存在，這個國家就是少數人統治多數人的工具，要麼不要統治不要奴役，那麼就必須消滅國家，這二者必選其一。可是馬克思一點也聽不進無政府主義者的意見，他從國家的自然屬性出發，把管理國家的人當做是一個樂隊指揮，當做航海的舵手，由此認為國家是不可消滅的。但是他同時又設想國家會自然消亡，又是什麼意思呢？難道說樂隊可以自然不要指揮，航船可以自然不要舵手？所謂的國家自然會消亡也只是為了自圓其說而畫的一個圓。因為國家的社會屬性就是統治人和奴役人，也就是階級統治的工具，因此是必須消滅的，可是國家在一定的歷史條件下又有其一定的作用，也就是說有其存在的合理性，因此不能通過暴力革命立即消滅國家。怎麼辦呢？只有讓國家自取滅亡。這一理論給國家社會主義把國家空前強大，"普天之下莫非王土，率土之濱莫非王臣"提供了理論依據。因此無產階級專政的國家演變為"專無產階級政"的國家，這就是順理成章的事了。

其四，就馬克思主義的共產主義理論而言，也有許多不科學之處。共產主義是什麼樣子呢？馬克思在《共產黨的宣言》中描述了那樣一個社會的基本模型：

"共產黨人可以把自己的理論概括為一句話：消滅私有制。"

"因此，把資本變為公共的、屬於社會全體成員的財產，這並不是把個人財產變為社會財產。這裡所改變的只是財產的社會性質。它將失掉它的階級性質。"

"在資產階級社會裡，活的勞動只是增值已經積累起來的勞動的一種手段。在共產主義社會裡，已經積累起來的勞動只是擴大、豐富和提高工人的生活的一種手段。"

"因此，在資產階級社會裡是過去支配現在，在共產主義社會裡是現在支配過去。在資產階級社會裡，資本具有獨立性和個性，而活動著的個人卻沒有獨立性和個性。共產主義革命就是同傳統的所有制關係實行最徹底的決裂；毫不奇怪，它在自己的發展進程中要同傳統的觀念實行最徹底的決裂。無產階級將利用自己的政治統治，一步一步地奪取資產階級的全部資本，把一切生產工具集中在國家即組織成為統治階級的無產階級手裡，並且盡可能快地增加生產力的總量。""這些措施在不同的國家裡當然會是不同的。但是，最先進的國家幾乎都可以採取下面的措施：

1、剝奪地產，把地租用於國家支出。

2、徵收高額累進稅。

3、廢除繼承權。

4、沒收一切流亡分子和叛亂分子的財產。

5、通過擁有國家資本和獨享壟斷權的國家銀行，把信貸集中在國家手裡。

6、把全部運輸業集中在國家的手裡。

7、按照總的計畫增加國家工廠和生產工具，開墾荒地和改良土壤。

8、實行普遍勞動義務制，成立產業軍，特別是在農業方面。

9、把農業和工業結合起來，促使城鄉對立逐步消滅。

　　10、對所有兒童實行公共的和免費的教育。取消現在這種形
　　　　式的兒童的工廠勞動。"

　　"當階級差別在發展進程中已經消失而全部生產集中在聯合
起來的個人的手裡的時候，公共權力就失去政治性質。原來意義
上的政治權力，是一個階級用以壓迫另一個階級的有組織的暴
力。如果說無產階級在反對資產階級的鬥爭中一定要聯合為階
級，如果說它通過革命使自己成為統治階級，並以統治階級的資
格用暴力消滅舊的生產關係，那麼它在消滅這種生產關係的同
時，也就消滅了階級對立的存在條件，消滅階級本身的存在條
件，從而消滅了它自己這個階級的統治。"

　　"代替那存在著階級和階級對立的資產階級舊社會的，將是
這樣一個聯合體，在那裡，每個人的自由發展是一切人的自由發
展的條件。"

　　通過以上這些引文，可以看出：馬克思的社會主義和共產
主義理論是一體的，只不過社會主義是向共產主義的一個過渡時
期，不是一個單獨的社會形態。"共產黨人可以把自己的理論概
括為一句話：消滅私有制。"也就是改變所有制的形式，用他自
己的話說就是"把資本變為公共的、屬於社會全體成員的財產，
這並不是把個人財產變為社會財產。這裡所改變的只是財產的社
會性質。它將失掉它的階級性質。"就這點來說，蘇聯和中國這
樣的社會主義國家都做到了，但都沒有建立起馬克思設想的那樣
一個理想社會。

　　馬克思設想的由資本主義變為社會主義的一些措施：

　　1、剝奪地產，把地租用於國家支出。

2、徵收高額累進稅。

3、廢除繼承權。

4、沒收一切流亡分子和叛亂分子的財產。

5、通過擁有國家資本和獨享壟斷權的國家銀行，把信貸集中在國家手裡。

6、把全部運輸業集中在國家的手裡。

7、按照總的計畫增加國家工廠和生產工具，開墾荒地和改良土壤。

8、實行普遍勞動義務制，成立產業軍，特別是在農業方面。

9、把農業和工業結合起來，促使城鄉對立逐步消滅。

10、對所有兒童實行公共的和免費的教育。取消現在這種形式的兒童的工廠勞動。

難道這就是馬克思的共產主義社會嗎？如果是的話，資本主義就可以和平進入共產主義，不需無產階級的暴力革命。如果不是，那共產主義究竟是個什麼東西呢？

如果共產主義就是以上這些，那麼在現代資本主義國家，有的已經做到了，有的正在做，但是共產主義實現了嗎？誰也說不清。

北歐的一些民主社會主義國家裡，現在也基本實現馬克思在共產黨宣言裡所列的上述一些措施，但是這些國家並不是通過無產階級的暴力革命，打碎舊的國家機器，實行無產階級專政這個方式來實現的。也就是說這些共產主義的因素是在資本主義制度條件下自然產生的，和平過度的。由此可以說從資本主義到共產主義，可以循序漸進，自然發展，和平過渡。而社會主義的全面失敗，則從反面證明，用無產階級暴力革命打碎舊的國家機器，建立無產階級專政的國家，從而走向共產主義，這條道路是走不通的，由此而論馬克思主義的科學社會主義理論是不科學的。

由此說，就共產黨宣言或者馬克思的其他一些關於共產主義的理論著作很難看清馬克思的共產主義究竟是什麼一個面目。

就分配關係而言，我們大家都知道的一句名言就是"各盡所能，按需分配。"首先看各盡所能，什麼是各盡所能？怎麼才能各盡所能？從各盡所能來說，馬克思認為就是到了共產主義，人的能力也是有差別的。既然能力有差別，這問題也就來了，用同樣的勞動時間，能力大的就比能力小的人創造的社會財富多，或是說創造的勞動價值高，因此對社會的貢獻就大。他既然貢獻大，他的報酬是否相應的就高。其二是他有能力，但沒有激勵和約束機制，他不願意出力，也就是不願意盡其所能怎麼辦？因為人是動物轉化而來，本身存在人性的弱點，怎麼才能各盡所能呢？馬克思沒有給出答案。但按照馬克思的基本觀點分析，這個各盡所能應該是自覺自願的，不會是強迫的，因為資本主義生產關係條件下的各盡所能也是自覺自願的——儘管是形式上的自願，實質上的無奈。在共產主義的社會裡，勞動如果不再僅僅是謀生的手段，勞動成了人的基本需要，就像幼稚園的孩子做遊戲、玩耍一樣。這樣的情況下，生產還要有組織的進行嗎？還要按照一定的目標和指標進行生產嗎？還要分工嗎，如果有人不服從分工怎麼辦呢？如果有人就是不願意盡其所能去從事社會所要求他從事的職業怎麼辦呢？這時候還要強制嗎，如果不強制就解決不了社會需求，如果強制就必然產生對人的奴役，使當事人失去自由。另外就是從個人素質來說，人的能力是存在差別的，存

在這種差別，就必然產生人們對社會的貢獻大小是有差別的，用
什麼辦法能讓能力強的勞動者也最大限度的把他的能力都發揮出
來，也就是以什麼作動力讓這部分人各盡所能。人類的存在發展
及其活動都是要消耗資源，而地球上的資源是有限的，人們的勞
動和創造也要依託於一定的客觀條件，這種客觀條件由天賦造成
每個人不會是平等的，也就是說勞動的環境、條件等等都會存在
差別，這樣的條件下怎麼去衡量每個人是否都盡其所能了？下面
再看各取所需的問題，這個需就是每個人的需要，這需要應該既
有物質需要又有精神需要。單說物質需要，世界上的資源是有限
的，而人的貪欲是無限的，人們的佔有欲也是無限的，以有限的
資源去滿足人類無限的貪欲，怎麼達到各取所需？現在發達的資
本主義社會，由於高福利已經讓一部分人不願意勞動了，就是勞
動也是幹幾個月夠花的了，就去玩，去度假享樂，把錢花了再去
上班掙錢，一般情況下絕不願意加班加點幹活。於是就出現政府
面臨舉債關門的危機。這種現象已經表現出人們開始懶惰，從整
個社會來說，社會積累逐漸變慢，社會財富將被耗光。如果各取
所需，誰還去從事創造，誰還去勞動。要說勞動成為人的基本需
要，那也是不可能的，不創造物質財富和精神財富的勞動對社會
來講毫無意義，而要創造物質財富和精神財富的勞動就不是隨便
的勞動，就肯定是按照預定的目標進行的勞動，而進行達到某些
目標的勞動總是帶有約束性的，不是自由的，更不是想幹就幹不
想幹就不幹的。另外就算人們的物質需要滿足之後，人們的精神
需要是更難滿足的，在精神需求方面更沒法達到各取所需。我看
上了你的異性朋友，就想把他或她成為自己的朋友，這種需要連

動物世界都沒法滿足，別說人類了。比如人類老齡化以後，老年人的寂寞怎麼解決，要使老人不寂寞就得安排人陪護，這個陪護和陪聊者在知識文化、人生觀、價值觀等方面還要與他的陪護對象相同或相近，也就是說要有共同語言。這就是這位寂寞老人的需要，共產主義按需分配是否要滿足這樣的需要？如果要滿足這樣的需要，那真是太難了。再更進一步的思考，這種精神需求者多了，從事物質生產者就會減少。物質生產一旦滿足不了需要，人們面臨的生存的問題都解決不了，哪還能顧得上精神層面的需要。現在我們能看到的，人類老齡化的不斷加劇，吃社保的人越來越多，從事勞動的人所占比例越來越少，社會負擔加重，而經濟發展速度減慢，社會已經不堪重負了。要是按需分配，怎麼分配？誰來分配？簡直不可想像。在沒有辦法解決以上這些問題的時候，何談各盡所能，按需分配。因此不說別的，就這一點來看共產主義理論就只是個烏托邦，共產主義社會也只是烏有之鄉，是馬克思的想像。

　　其五、馬克思的社會主義（或者說共產主義）理論，最根本的一條就是要消滅私有制。可是馬克思在他的一本偉大著作《德意志意識形態》裡說："分工和私有制是一個東西，前者是活動，後者是活動的結果。""共產主義社會裡，任何人都沒有特定的活動範圍，每個人都可以在任何部門內發展，社會調節著整個生產。"這就是說，要消滅私有制首先得消滅人的社會分工。任何一個人他想幹什麼就去幹什麼，想怎麼幹就怎麼幹。社會分工沒有了，社會的生產還怎麼有序運行？假如社會需要100個操作工，只需要1個藝術家，而社會中的100個人都想去當藝術家，只有1個人去願意幹操作工。這怎麼辦？這個假設還是建立在社會的人數與社會所需的職位"崗位"數相等的基礎上的。如果社會所需要的職位數與社會人口不相等又怎麼辦呢？任何人都沒有特定的活動範圍，每個人都可以在任何部門發展。這就要求每個人都必須是全能的，他什麼都會什麼都能幹。我的天啊！用什麼樣的辦法才能培養出這麼全能的人來？人的生命是有限的，而在有限的生命中要把社會所需要的所有工作技能都掌握，這讓上帝也為難，因為上帝恐怕也造不出這樣的人來。由此可見，私有製與社會分工同時產生，家庭、階級、國家又是與私有製同生同滅的，所以要消滅私有製必須消滅社會分工，與此同時也就自然消滅了家庭、階級和國家。這就像是一棵樹，砍掉了樹幹，樹葉、樹枝、樹根便會同時死亡。

最後要說的是，人類不斷進步，歷史不斷發展，社會不斷前進，這是歷史必然性。但是怎麼進步，怎麼發展，怎麼前進？那只能是摸著石頭過河，走一步看一步，誰也說不清將來怎樣。歷史只會按照自己的規律，按照自己的軌跡而發展。因此所謂的科學社會主義也只是馬克思的預言和設想而已，社會的發展有其自身的規律，社會不會按照馬克思說的科學論斷而運行，歷史也不可能按照任何一個偉大人物的預言或者思想而發展前進。

反過來說，思想家的設想或預言有可能成為人類的災難，因為後人會按照先哲的理論或者思想去進行實踐。最可怕的是，當實踐中碰了壁還不知回頭，還要堅持先哲的理論再去實踐，直至頭破血流，才會坐下來想想先哲的理論思想是否有誤區、有盲點，這不能不說是人類的悲哀。

ℑ 獵海人

馬克思主義批判

作　　　者	李三一
圖文排版	楊家齊
封面設計	蔡瑋筠
出 版 者	李繼領
製作發行	獵海人
	114 台北市內湖區瑞光路76巷69號2樓
	電話：+886-2-2518-0207
	傳真：+886-2-2518-0778
	服務信箱：s.seahunter@gmail.com
展售門市	國家書店【松江門市】
	10485 台北市中山區松江路209號1樓
	電話：+886-2-2518-0207
	三民書局【復北門市】
	10476 台北市復興北路386號
	電話：+886-2-2500-6600
	三民書局【重南門市】
	10045 台北市重慶南路一段61號
	電話：+886-2-2361-7511
網路訂購	博客來網路書店：http://www.books.com.tw
	三民網路書店：http://www.m.sanmin.com.tw
	金石堂網路書店：http://www.kingstone.com.tw
	學思行網路書店：http://www.taaze.tw
法律顧問	毛國樑　律師

出版日期：2015年7月
定　　價：320元
ISBN 978-957-43-2587-0

國家圖書館出版品預行編目

馬克思主義批判 / 李三一著. -- 臺北市：李繼領,
　2015.07
　　面；　公分
　ISBN 978-957-43-2587-0(平裝)

　1. 馬克斯主義

549.346　　　　　　　　　　104010848